Ilse Sand

Ich vermisse dich!

dgvt Verlag

Ilse Sand

Ich vermisse dich!

Wie man eine zerrüttete Beziehung rettet – oder loslässt

Aus dem Englischen von Lena Rudert

dgvt Verlag

Tübingen
2020

Kontaktadresse:

Ilse Sand

E-Mail: info@ilsesand.dk
Homepage: www.ilsesand.com

First published in 2018 by Forlaget Ammentorp, Denmark, with the title: *Savner du én? Guide til at hele en beskadiget relation – eller give slip*

Translated in English by Russel Dees, *Do You Miss Someone? How to heal a damaged relationship – or let it go.*

Bibliografische Information der Deutschen Nationalbibliothek
Die Deutsche Nationalbibliothek verzeichnet diese Publikation in der Deutschen Nationalbibliografie; detaillierte bibliografische Daten sind im Internet über http://dnb.d-nb.de abrufbar.

Im Sudhaus
Hechinger Straße 203
72072 Tübingen

E-Mail: dgvt-Verlag@dgvt.de
Internet: www.dgvt-Verlag.de

Umschlagfoto: photocase.de, © Mcdeekey
Umschlaggestaltung: Vogelsang Design, Jens Vogelsang, Aachen
Layout: VMR, Monika Rohde, Leipzig
Druck und Bindung: CPI buch-bücher.de GmbH, Birkach

Auch als E-Book erhältlich: ISBN 978-3-87159-449-6

ISBN 978-3-87159-229-4

Inhalt

Vorwort

Wie können wir jemandem, zu dem wir auf ungeklärte Weise Kontakt und Nähe verloren haben, wieder mit Vertrauen und Offenheit begegnen?

Gibt es ein Familienmitglied oder einen Freund, den Sie vermissen, aber aus irgendeinem Grund nicht mehr sehen? Vielleicht ist die Situation auch die, dass Sie sich zwar sehen, möglicherweise sogar zusammenleben, aber nicht zu der Offenheit und der emotionalen Verbindung zurückfinden, die zwischen Ihnen einmal bestanden hat.

Als Seelsorgerin und Psychotherapeutin habe ich mit vielen Menschen über ihre Beziehungen gesprochen und dabei festgestellt, wie wenig sie darüber wussten, wie man eine beschädigte Beziehung wieder aufbauen kann. Viele denken, es gehe darum, sich zu erklären oder zu rechtfertigen, aber Rechtfertigungen machen oft alles noch schlimmer. Es gibt andere, viel wirksamere Wege, mit einer solchen Situation umzugehen.

In diesem Buch stelle ich verschiedene Strategien vor, die Ihnen dabei helfen können, eine Beziehung zu retten oder zu verbessern. Ich gebe Ihnen viele Beispiele und Vorschläge zu Formulierungen, die Sie in verschiedenen Situationen verwenden können.

Am Ende jedes Kapitels finden Sie Übungen, die Ihnen helfen können, sich selbst und Ihre Beziehung in einem klareren Licht zu sehen. Manche Übungen können heftige Emotionen unterschiedlicher Art auslösen. Bevor Sie mit den Aufgaben beginnen, kann es also eine gute Idee sein, vorher mit einer Freundin zu vereinbaren, dass Sie sie anrufen können, wenn Sie während oder nach der Übung Redebedarf haben.

Sie können entweder gleich das ganze Buch durchlesen oder es als Ideengeber und Nachschlagewerk verwenden. Die detaillierte Inhaltsangabe sowie die kurzen Zusammenfassungen nach jedem Kapitel sollen Ihnen die Orientierung erleichtern.

Die meisten Menschen verändern und entwickeln sich im Laufe ihres Lebens. Es ist vollkommen normal, dass sich Beziehungen verändern oder auflösen und Platz für neue Freundschaften machen. Es ist nicht Ziel dieses Buchs, Sie zu ermutigen, sich mit Zähnen und Klauen an Gewesenes zu klammern. Wenn allerdings tiefe Freundschaften oder innerfamiliäre Beziehungen aufgrund von Missverständnissen oder nie gelösten Konflikten auseinanderbrechen, kann es viele gute Gründe geben, innezuhalten und herauszufinden, welche Möglichkeiten es gibt, die Beziehung wieder in Ordnung zu bringen.

In diesem Buch möchte ich mich in erster Linie zugunsten von Beziehungen starkmachen und Menschen dazu anregen, neue Chancen für möglicherweise längst aufgegebene Beziehungen zu erkennen. Das muss nicht heißen, dass es immer das Beste ist, Kontakte aufrechtzuerhalten. Es gibt ganz sicher Situationen, die es notwendig machen, jemanden loszulassen – um sich selbst zu schützen oder weil es einfach die am wenigsten schmerzhafte Lösung ist. In Kapitel 12 finden Sie einige der häufigsten guten (und weniger guten) Gründe, jemanden gehen zu lassen.

Ich beziehe mich in diesem Buch vorwiegend auf Erfahrungen aus meiner praktischen Arbeit als Seelsorgerin und – später – als Psychotherapeutin. Ich habe als Paartherapeutin gearbeitet, Eltern dabei unterstützt, wieder in Kontakt zu ihren Kindern zu kommen, die sich ihnen entfremdet hatten, und ich wurde dabei mit den verschiedensten Beziehungsproblemen konfrontiert. Außerdem kann ich auf eigene Erfahrungen zurückgreifen. Mehr darüber können Sie in der Einleitung lesen.

Am Ende des Buchs finden Sie einen Test, den ich eigens hierfür entwickelt habe. Sie können damit Ihre Bereitschaft messen, mit der Person, die Sie vermissen, wieder Kontakt aufzunehmen. Der Test kann Ihnen helfen, herauszufinden, wie weit Sie zu gehen bereit sind.

Statt jedes Mal „er oder sie" zu schreiben, habe ich mich dafür entschieden, keine einheitliche Genderform für Personen zu verwenden, deren Geschlecht ich nicht kenne. Ich hoffe, Ihnen als Leser wird es nicht schwerfallen, ein „sie" durch ein „er" zu ersetzen bzw. umgekehrt, wenn es für Sie um die Beziehung mit einem Mann oder mit einer Frau geht.

Hald Hovedgaard, Juni 2018
Ilse Sand

Einleitung

Die Bedeutung von Beziehungen für Ihr Wohlergehen

Eines Tages saß ich dem Pastor und Psychotherapeuten Bent Falk gegenüber und erzählte ihm, wie wütend ich auf meinen Vater war, den ich seit einigen Jahren nicht mehr gesehen hatte. „Sie sind nicht wütend", sagte Bent Falk mit ernster Miene. Ich erstarrte und konnte nur noch stammeln: „Aber dann, ich weiß nicht …", bevor ich in Tränen ausbrach und – ganz plötzlich – fühlen konnte, wie sehr ich ihn vermisste, obwohl ich mich selbst von ihm abgewandt hatte.

Erst später verstand ich, dass der Grund, weshalb ich nicht mit meinem Vater im selben Raum sein konnte, nicht Wut auf ihn war. Die Wut war eher ein Schutzschild. Gleich darunter lagen viel stärkere Gefühle – und zwar eine tiefe Sehnsucht nach Liebe, Nähe und Zusammengehörigkeit.

Damals hatte ich Angst, mich diesem Gefühl des Verlusts hinzugeben und den Tränen freien Lauf zu lassen. Die Sache war klar: Wir konnten uns emotional nicht mehr erreichen. Aber wir standen uns sehr nah, als ich ein kleines Mädchen war – und das saß in mir als eine schmerzliche Sehnsucht, die es mir unmöglich machte, irgendeine Form oberflächlichen Kontakts zu ihm zu ertragen.

Es vergingen viele Jahre, bevor ich mich durch diese vielen Schichten von Schmerz, Angst und Scham hindurchgearbeitet hatte und in der Lage war, mich meinem Vater wieder emotional zu nähern und in seiner Gegenwart entspannt und authentisch zu sein. Und ich entdeckte, dass die warmen Gefühle, die es einmal zwischen uns gegeben hatte, auf beiden Seiten noch vorhanden waren.

Viele Menschen fühlen sich einsam, weil wichtige Beziehungen, die sie einmal hatten, auseinandergebrochen sind, sich allmählich aufgelöst haben oder oberflächlich geworden sind. Die Verletzungen und Frustrationen nach dem Verlust wurden häufig nicht ausreichend verarbeitet, um zuversichtlich neue Beziehungen eingehen zu können. Möglicherweise wird die nächste Beziehung etwas distanzierter sein, weil die betreffende Person Angst davor hat, sich zu öffnen, sich abhängig und verletzlich zu machen.

Ihr Wohlergehen ist extrem abhängig von den Beziehungen, die Sie eingehen. Menschen mit gesunden, engen und stabilen Beziehungen geht es meistens gut, während andere, die sich mit niemandem eng verbunden fühlen, oft wenig Lebensfreude empfinden.

Wenn man sich mit einer früheren oder einer aktuellen Beziehung eingehend beschäftigt, darüber redet – und sie irgendwann verarbeitet –, kann es sein, dass diese Beziehung wieder zum Leben erwacht. In anderen Fällen führt es dazu, endlich loszulassen und mit mehr Mut und Motivation neue Beziehungen einzugehen.

Ich hoffe, die Ratschläge und Werkzeuge in diesem Buch helfen Ihnen, eine oder mehrere Ihrer Beziehungen zugunsten aller Beteiligten zu verbessern. Sollte sich herausstellen, dass eine Heilung nicht möglich ist, kann es Sie möglicherweise dazu anregen, die Beziehung auf angemessene Weise zu beenden, sodass Sie sich befreit fühlen und genug Energie gewinnen, um neue Beziehungen zu finden und zu pflegen.

Kapitel 1
Finden Sie den Mut, sich Beziehungsproblemen zu stellen

Auch wenn Ihnen eine disharmonisch gewordene Beziehung schwer auf der Seele liegt, kann es lange dauern, bevor Sie endlich entscheiden, etwas dagegen zu tun. Vielleicht fehlt Ihnen die richtige Strategie. Vielleicht stellen Sie sich auch selbst ein Bein durch wenig hilfreiche Gedanken, die Sie daran hindern, sich dieser Aufgabe anzunehmen.

Möglicherweise bedienen Sie sich einer der Rechtfertigungen, die im Folgenden erläutert werden.

Rechtfertigungen und Antworten

1. Wenn die betreffende Person Interesse an mir hätte, würde sie sich ja von selber melden.
2. Die andere Person ist wahrscheinlich böse auf mich.
3. Ich hätte mich viel früher melden sollen. Jetzt ist es zu spät.
4. Es wäre ein Zeichen von Schwäche, zurückgekrochen zu kommen.
5. Wenn ich den Kontakt suche und die betreffende Person mich zurückweist, werde ich es bereuen, die Initiative ergriffen zu haben, und das wird mir nicht guttun.

6. Die betreffende Person hat mir gesagt, dass sie keinen Kontakt zu mir haben will.
7. Das einzig Angemessene wäre, wenn die andere Person die Initiative ergreifen würde.
8. Wenn die betreffende Person keinen Kontakt zu mir will, spielt das keine Rolle. Es ist mir nicht wichtig.

Vielleicht erkennen Sie ja eine oder mehrere dieser Rechtfertigungen wieder, vielleicht haben Sie aber auch ganz andere.

Im Folgenden finden Sie Antworten auf alle acht Rechtfertigungen.

Antwort auf 1: Wenn die betreffende Person Interesse an mir hätte, würde sie sich ja von selber melden.

Es kann viele andere Gründe geben, weshalb sie nicht die Initiative ergriffen hat.

Vielleicht fürchtet sie, dass Sie ihr böse sind. Vielleicht hat sie irgendetwas falsch verstanden. Vielleicht haben Sie sie verletzt, ohne es zu merken. Vielleicht wartet sie darauf, dass Sie die Initiative ergreifen. Alles gute Gründe, um herauszufinden, warum Sie nichts mehr von der betreffenden Person gehört haben.

Antwort auf 2: Die andere Person ist wahrscheinlich böse auf mich.

Das könnte sein. **Wahrscheinlich sind Sie auch böse auf sie.** Ein Treffen könnte diesen Zorn mildern – zumindest versetzt es Sie in die Lage, Missverständnisse aufzuklären, und wäre auf jeden Fall eine Erleichterung für Sie beide.

Antwort auf 3: Ich hätte mich viel früher melden sollen. Jetzt ist es zu spät.
Solche Dinge verjähren nicht. Solange Gedanken und Gefühle, die die andere Person betreffen, noch ein wichtiger Teil Ihres Denkens und Fühlens sind, gibt es genug Gründe, an der Beziehung zu arbeiten und Kontakt aufzunehmen.

Antwort auf 4: Es wäre ein Zeichen von Schwäche, zurückgekrochen zu kommen.
Es ist ein Zeichen von Stärke, entschlossen und initiativ zu sein. Und es ist mutig, Ihre verletzliche Seite zu zeigen und gleichzeitig konstruktiv daranzugehen, etwas Beschädigtes wieder zu reparieren – oder doch wenigstens die Initiative für einen angemessenen Abschluss zu übernehmen. Seinen Stolz zu überwinden und auf die andere Person zuzugehen, zeugt von innerer Stärke.

Antwort auf 5: Wenn ich den Kontakt suche und die betreffende Person mich zurückweist, werde ich es bereuen, die Initiative ergriffen zu haben, und das wird mir nicht guttun.
Dass es Ihnen hinterher leidtut, können Sie verhindern, indem Sie schon im Vorfeld entscheiden, wie Sie mit einer Zurückweisung umgehen wollen. Sie könnten sich z. B. einfach sagen: **„Guter Versuch“** und sich selbst auf die Schulter klopfen, weil Sie aktiv geworden sind, Mut und Flexibilität gezeigt haben. Oder Sie suchen sich eine Freundin zur Unterstützung, die sich bereithält, um Ihnen zuzuhören und Ihnen den Rücken zu stärken, wenn es nicht gut gelaufen ist.

Antwort auf 6: Die betreffende Person hat gesagt, dass sie keinen Kontakt zu mir haben will.
Natürlich können Sie das respektieren – wenigstens für eine

gewisse Zeit. Aber nachdem die betreffende Person eine Weile Abstand zu Ihnen hatte, spricht vieles dafür, mal zu schauen, ob sich nicht etwas geändert hat. **Vielleicht können Sie irgendetwas Neues vorbringen,** das die Betreffende dazu bewegt, ihre Meinung zu ändern.

Außerdem besteht die Möglichkeit, dass die Betreffende Sie im Zorn verlassen hat wie ein kleines Kind, das wegläuft und ruft: „Ich komme nie mehr wieder!", und sich dabei gewünscht hat, Sie würden sie aufhalten.

Gelingt es Ihnen, die andere Person wenigstens zu einem einzigen Treffen zu überreden, könnten Missverständnisse aufgeklärt werden und Sie beide wären vielleicht fähig, zu neuer Offenheit und Vertrauen zurückzufinden. Auch wenn es nicht möglich ist, die Beziehung wieder aufzunehmen, kann so ein Treffen wichtig für Ihren zukünftigen inneren Frieden sein.

Antwort auf 7: Das einzig Angemessene wäre, wenn die andere Person die Initiative ergreifen würde.

Fragen Sie lieber nicht nach dem, was angemessenen, sondern nach dem, was möglich ist.

Man könnte natürlich sagen, es sei angemessen, wenn die Person, die den Kontakt abgebrochen hat, die Initiative ergreift, um ihn wieder aufzunehmen. Und wenn es um die Beziehung zwischen Eltern und heranwachsenden Kindern geht, ist es die natürlichste und vernünftigste Sache, wenn die Eltern auf das Kind zugehen und nicht umgekehrt. Aber wenn wir mal beiseitelassen, was richtig und angemessen wäre, und stattdessen das in den Fokus stellen, womit wir die besten Ergebnisse erzielen können, sieht die Sache ganz anders aus. Am größten ist die Erfolgsquote dann, wenn die psychisch stabilste und flexibelste Person nachgibt und anfängt, eine Brücke zu bauen, und – wenn nötig – sogar den ganzen Weg über die Brücke geht, um die andere Person auf deren vertrautem Terrain zu treffen.

Manchmal hat die jüngere und oft die benachteiligtere Seite die besseren psychischen Ressourcen und die nötige psychologische Einsicht, um flexibel zu sein und Brücken zu bauen. Wenn wir darauf beharren, dass die ältere Person oder diejenige, die den Kontakt abgebrochen hat, den ersten Schritt tun muss, riskieren wir damit, dass einfach gar nichts passiert.

Wer zu viel Gewicht darauf legt, was richtig und angemessen wäre, verschenkt oft gute Gelegenheiten und die Chance auf einen Neubeginn. Vieles, was geschieht, ist ungerecht und unvernünftig – sogar in gut funktionierenden Beziehungen. Zu akzeptieren, dass das Leben nicht immer fair ist, kann eine gute Sache sein, denn es macht Sie frei, auch dann großherzig zu sein, wenn die Chancen, ebenso behandelt zu werden, eher gering sind.

Antwort auf 8: Wenn die betreffende Person keinen Kontakt zu mir will, spielt das keine Rolle. Es ist mir nicht wichtig.

Vielleicht bedeutet sie Ihnen mehr, als Sie denken.

Wenn wir uns zurückgewiesen fühlen, neigen wir dazu, die Bedeutung, die jemand für uns hat, zu bagatellisieren oder die Betreffende sogar abzuwerten. Am liebsten würden wir sie vergessen und uns jemand Neues suchen. Jemanden einfach zu vergessen, ist nicht leicht. Wenn wir versuchen, Erinnerungen, Gedanken und Gefühle für jemanden, der uns einmal etwas bedeutet hat, zu unterdrücken, geht das häufig auf Kosten unserer Energie und Lebenskraft.

Menschen, die uns wichtig waren oder sind, tragen wir weiter in uns. Vielleicht haben Sie schon erlebt, dass ein früherer guter Freund auch in der Gegenwart immer noch mit Kritik oder guten Ratschlägen innerlich präsent ist.

Zwei Beispiele dafür:

Wenn ich über eine Entscheidung nachgrübele, kommt es manchmal vor – häufig beim Autofahren –, dass mein verstorbener Vater vor meinem geistigen Auge auftaucht, und ich plötzlich ganz genau weiß, was er mir raten würde.
Henrik, 59 Jahre

Mein Ex-Mann war noch Jahre nach der Scheidung wütend auf mich. Wir haben nie richtig Frieden miteinander geschlossen. Heute denke ich nur selten an ihn, aber manchmal, vor allem wenn ich in einer bestimmten Art von Konflikt stecke, ist es, als knurrte er mich an: „Immer denkst du nur an dich selbst!"
Anne, 40 Jahre

Menschen, die uns wichtig sind oder waren, nehmen einen großen oder kleineren Teil unseres Innenlebens ein – je nachdem, welche Bedeutung sie für uns haben oder hatten. Das könnte erklären, warum ungelöste Konflikte oder Sackgassen in Beziehungen uns wie eine Last auf der Seele liegen, auch wenn wir die betreffende Person gar nicht mehr sehen. Das bedeutet auch, dass es zu innerer Entspannung und Erleichterung führen kann, wenn wir im Außen Frieden stiften.

Übung

Schreiben Sie die Gründe auf, warum Sie keinen Kontakt zu einer bestimmten Person aufnehmen wollen, und sprechen Sie mit jemandem darüber. Ergeben die Gründe überhaupt einen Sinn? Könnte nicht auch das Gegenteil der Fall sein?
Weist irgendetwas darauf hin, dass Ihre Begründung nicht richtig oder nicht wünschenswert sein könnte?
Sollten Ihre Gründe keinen Bezug zur Realität haben oder schlicht nicht sinnvoll und zielführend sein, wäre es vielleicht eine gute Idee, für jeden einzelnen eine Antwort oder ein Gegenargument aufzuschreiben.

Meine Gründe, zu jemandem keinen Kontakt aufzunehmen

1. ....

2. ....

3. ....

Antwort

1. ....

2. ....

3. ....

Zusammenfassung Kapitel 1:
Finden Sie den Mut, sich Beziehungsproblemen zu stellen

Ein Wiedersehen zu initiieren, nachdem in eine Beziehung Disharmonie eingetreten ist, kann sich sehr riskant anfühlen. Oft vermeiden wir solche Konfrontationen lieber und finden viele Gründe, eine Begegnung mit den Betreffenden zu vermeiden. Sie denken vielleicht, es sei längst zu spät oder die andere Person sollte den ersten Schritt tun. Vielleicht haben Sie auch Angst vor Zurückweisung oder reden sich ein, dass die Beziehung Ihnen nichts mehr bedeutet.
Sobald wir ein Problem beim Namen nennen, verliert es seine Macht. Eine Rechtfertigung, die sich als unangemessen herausgestellt hat, funktioniert nicht mehr, und das gibt Ihnen vielleicht den Anstoß, den ersten Schritt zu tun.

Kapitel 2
Prüfen Sie Ihre Gedanken, Wünsche und Gefühle

Vielleicht empfinden Sie, wenn es um eine bestimmte Beziehung geht, ein innerliches Unbehagen. Sie sind sich nicht sicher, welche Emotionen dabei im Spiel sind und wie Sie dieses nagende Gefühl wieder loswerden können. Es kann auf jeden Fall eine Erleichterung bedeuten, diese Gefühle und Gedanken beim Namen zu nennen und herauszufinden, was die betreffende Person Ihnen bedeutet und was nötig ist, um die Dinge zwischen Ihnen und ihr in Ordnung zu bringen. Sie lassen sich damit auf eine Forschungsaufgabe ein, bei der es vor allem um Ihre eigenen Gedanken, Wünsche und Gefühle in Bezug auf die betreffende Person geht.

Schreiben Sie einen Abschiedsbrief

Schreiben Sie als Erstes einen Abschiedsbrief an die betreffende Person. Abschicken sollen Sie ihn nicht. Er ist nur für Sie selbst da.

Ich wurde schon oft gefragt, warum es ein Abschiedsbrief sein muss und nicht einfach nur ein Brief. Nun, bei einem Abschied sind die Gefühle stärker und die Bedeutung, die die

Person für Sie hat, wird klarer. Sie können sich beispielsweise vorstellen, Sie selbst oder die andere Person zieht auf die andere Seite der Erdkugel um und nun müssen Sie sich von ihr verabschieden.

Sie könnten beispielsweise so beginnen:

Liebe Cecilie,
wir haben uns seit vielen Jahren nicht mehr gesehen und ich hatte eigentlich entschieden, dass der nächste Kontakt von dir ausgehen muss. Nun bin ich trotzdem diejenige, die dir schreibt. Ich denke immer noch an dich und an die schönen Zeiten, die wir zusammen hatten.
Weißt du noch, als wir …?

oder:

Lieber Vater,
wenn ich an meine Kindheit mit dir denke, erinnere ich mich daran, wie du mich zum Angeln mitnahmst. Ich habe so gern Ausflüge mit dir gemacht. Danke, dass du dir in deinem viel beschäftigten Leben die Zeit dafür genommen hast. Ich erinnere mich auch daran, wie du eingegriffen hast, als mich ein paar von den großen Jungen aus der Nachbarschaft geärgert haben und du zufällig in der Nähe warst. Ich habe mich mit dir immer sicher gefühlt.
Als du dich neu verliebt und meine Mutter und mich verlassen hast, war dir vielleicht nicht klar, in welche Situation du mich dadurch gebracht hast …

Hier ein Beispiel für einen kurzen Abschiedsbrief von Anfang bis Ende:

Liebe Marie,
wir waren seit unserer Schulzeit immer Freundinnen. Wir kennen gegenseitig unsere Familien und erinnern uns an unsere ersten Liebschaften. Ich konnte immer alles mit dir teilen. Danke, dass du mein Fels in der Brandung warst. Ich weiß nicht, wie ich die schwierigen Highschool-Jahre ohne dich überstanden hätte. Danke auch dafür, dass du zu meinem 25. Geburtstag gekommen bist, obwohl du dafür auf etwas verzichten musstest, was du eigentlich vorhattest. Dass du dich für mich entschieden hast, hat mir viel bedeutet.
Als wir auf der Highschool waren, hast du mir gesagt, ich sei dir ebenfalls eine große Unterstützung. Trotzdem habe ich mir seitdem gewünscht, ich hätte dir mehr zugehört, als immer nur meine eigene Last bei dir abzuladen.
Inzwischen haben wir uns weit voneinander entfernt und das bereitet mir unglaublich viel Kummer. Ich wünschte, wir hätten unsere Freundschaft am Leben erhalten können, auch nach deinem Umzug nach Jütland. Ich wünschte, wir wären gemeinsam Mütter geworden. Ich wünschte, es hätte dich weiterhin interessiert, wie mein tägliches Leben aussieht.
Ich glaube, dass ein endgültiger Abschied von dir für mich eine Erleichterung sein könnte. Also werde ich aufhören zu hoffen, dass du mir schreibst oder mich anrufst.
Ich wünsche dir nur das Beste. Du verdienst es.
Herzliche Grüße
Josephine

Wenn der Brief fertig ist, brauchen Sie einen Zeugen. Lesen Sie ihn jemandem laut vor, der Ihnen nahesteht, oder auch einem Therapeuten, einem Foto von einem geliebten Verstorbenen, Ihrem Haustier oder einem Baum im Wald. Manchmal kann man nur dann alle Emotionen empfinden, wenn man den Brief laut vorliest.

Lassen Sie die betreffende Person los

Vielleicht fragen Sie sich, warum Sie sich von einer Person verabschieden sollen, der Sie doch eigentlich nahe sein möchten. Manchmal entsteht eine neue Perspektive, wenn man jemanden losgelassen hat, und Sie sehen die Beziehung dann mit anderen Augen. Stellen Sie sich vor, dass Sie sich für immer von der betreffenden Person verabschieden, tauchen Sie tief in die Gefühle ein, die dieser Abschied in Ihnen auslöst, spüren Sie die Trauer – und die Erleichterung, die Sie wahrscheinlich ebenfalls empfinden. Und dann stellen Sie hoffentlich fest, dass das Leben weitergeht und Sie weiterleben werden – auch ohne eine Beziehung zu diesem Menschen.

Sich einen endgültigen Abschied vorzustellen, kann ein ziemlich überwältigendes Gefühl sein – besonders bei einer sehr engen Beziehung, beispielsweise zu Ihrem Kind. Einige meiner Klienten konnten sich zuerst nicht dazu überwinden, diese Abschiedsübung durchzuführen. Sollte Ihnen die Aufgabe zu brutal oder intensiv erscheinen, helfen vielleicht eine oder zwei Therapiesitzungen. Vielleicht hilft es auch, wenn Sie mit einer Freundin verabreden, dass sie an dem Abend, wenn Sie den Brief schreiben, telefonisch erreichbar für Sie ist, sodass Sie sie anrufen und mit ihr reden können, wenn die Gefühle allzu heftig werden.

Dies ist eine Übung, die Sie alleine machen oder mithilfe von Freunden oder einem Therapeuten. Vielleicht möchten Sie dann den Brief an die Person schicken, für die er geschrieben ist – oder ihr mitteilen, dass Sie sie endgültig loslassen. WARTEN SIE NOCH, BEVOR SIE DAS TUN. Wenn Sie sie tief im Innern losgelassen haben, wird sie das in Ihren Augen lesen oder aus Ihrem Ton heraushören. Wenn Sie ihr einen Brief schicken wollen, sollte dieser einen anderen Inhalt haben. Mehr dazu können Sie in den Kapiteln 6 und 7 lesen.

Erforschen Sie Ihre eigenen Wünsche

Die Briefschreib-Übung kann auch dazu dienen, etwas über die eigenen Wünsche und Sehnsüchte herauszufinden. Schreiben Sie einen Brief im Namen der anderen Person an sich selbst. Er sollte all das enthalten, was Sie sich tief im Innern von ihr zu lesen wünschen. Das muss keineswegs realistisch sein – lassen Sie Ihrer Phantasie freien Lauf.

Hier das Beispiel eines Briefs, den Lone im Namen ihres Ex-Freundes an sich selbst geschrieben hat:

Liebe Lone,
ich bin sehr dankbar dafür, dass wir uns getroffen haben. Ich habe viel von dir gelernt, sodass mein Leben nun reicher ist als vorher, als ich dich noch nicht kannte.
Wir hatten einige Kontroversen und ich weiß, dass es mit mir nicht immer einfach ist. Du warst mir gegenüber oft sehr großmütig und hast über mein mieses Verhalten hinweggesehen. Ich wünschte, es wäre mir gelungen, mit dir ebenso nachsichtig zu sein. Aber ich war wohl leider meistens eher stur.
Du hast einen besseren Mann verdient, Lone. Jemanden, der dich mehr liebt, als ich es getan habe. Ich wünsche dir nur das Beste.
Herzlichst, Jacob

Nachdem sie diesen Brief geschrieben hatte, las Lone ihn sich selbst laut vor. Dann bat sie eine Freundin, ihn ihr vorzulesen. Sie stellte fest, dass der Brief sie in gewisser Weise befreite – obwohl sie ihn selbst geschrieben hatte. Außerdem erkannte sie, wie sehr sie sich nach Jacobs Anerkennung dessen sehnte, was sie – neben allem anderen – zu der Beziehung beigetragen hatte.

Den folgenden Brief hat Ellen im Namen ihrer früheren besten Freundin an sich selbst geschrieben:

> *Liebe Ellen,*
> *es fehlt mir sehr, die Dinge mit dir zu tun, die wir früher zusammen gemacht haben. Was würdest du zu einem gemeinsamen Ausflug nach Kopenhagen sagen?*
> *Herzliche Grüße, Helle*

Als Ellen den Brief laut vorlas, fühlte sie deutlich, dass sie absolut bereit war, JA zu einer solchen Einladung von Helle zu sagen, und sie begann darüber nachzudenken, was sie selbst tun könnte, um den Weg für eine Erneuerung ihrer Freundschaft zu ebnen.

Lene schrieb sich einen Brief im Namen ihrer Mutter:

> *Liebe Lene,*
> *ich verstehe, dass du wütend bist. Was geschehen ist, war nicht in Ordnung. Ich wünschte, ich könnte es wiedergutmachen. Kannst du mir verzeihen?*
> *All meine Liebe, deine Mutter*

Als Lene den Brief vorlas, wurde ihr klar, wie viel es ihr bedeuten würde, wenn ihre Mutter die Verantwortung für die

Dinge übernähme, denen Lene in ihrer Kindheit ausgesetzt war. Sie fühlte, dass sie bereit wäre, ihrer Mutter zu vergeben, wenn diese sie darum bäte.

Reden Sie mit einem Foto

Nicht jeder schreibt gern Briefe. Wenn Sie dazugehören, können Sie stattdessen auch ein Foto der Person nehmen, mit der Sie Beziehungsdinge zu klären haben. Setzen Sie sich vor das Bild und sprechen Sie alles aus, was es Sie zu sagen drängt. Sie können dafür auch gern die Liste mit Fragen zur Anregung auf Seite 30f. verwenden.

Wenn Sie Ihre eigenen Wünsche erforschen wollen, schauen Sie das Bild an und suchen Sie in Ihrem Innern nach allem, was Sie gern von der betreffenden Person hören möchten. Auch das muss nicht realistisch sein. Es sind Ihre Wünsche und Sehnsüchte, die Sie erforschen wollen – nicht die Fähigkeit der anderen Person, sie zu erfüllen.

Ihre Worte können den Weg für eine neue Klarheit ebnen

Sich selbst auszudrücken, kann eine große Befreiung sein – sogar, wenn es nur vor einem Bild oder in einem Brief ist. Solange die Gedanken noch in Ihrem Kopf kreisen, wird es kaum zu einer Veränderung kommen. Aber wenn Sie sie äußern, passiert etwas Neues. Sie werden vielleicht feststellen, dass sich durch das Schreiben von Briefen oder das Reden mit einem Foto Klärung und Abschluss der Beziehung einstellen können. Oder Sie merken, wie wichtig Ihnen die Person noch ist – dann ist es umso dringlicher für Sie, den Versuch zu machen, die Beziehung wieder in Gang zu bringen.

Übung

Schreiben Sie einen Abschiedsbrief. Im folgenden Kasten finden Sie eine Liste relevanter Themen für einen solchen Brief. Lassen Sie sich von den Fragen inspirieren. Es ist aber auch in Ordnung, wenn Sie lieber über etwas anderes schreiben wollen, sofern es das ist, was Ihnen am Herzen liegt.

Fragen zur Anregung für einen Abschiedsbrief

Welche schönen Dinge verlieren Sie?
Wofür würden Sie sich gerne bedanken?
Was ist schlecht an der Beziehung?
Wovon würde der Abschied Sie befreien?
Was hätten Sie von der betreffenden Person gern noch bekommen?
Was haben Sie in der Beziehung Gutes getan? (Beispielsweise: „Ich glaube, du warst glücklich, als ich …“ oder „Ich glaube, es hat dich getröstet, dass ich …“)
Wovon hätten Sie gern mehr gehabt?
Wie hätten Sie sich Ihre Beziehung gewünscht?
Was würden Sie mit der betreffenden Person heute gern tun?
Was haben Sie in der Beziehung vermisst?
Was wünschen Sie der betreffenden Person?

Schreiben Sie einen Brief aus der Sicht der anderen Person an sich selbst. Der Brief sollte alles enthalten, was Sie von der Betreffenden gern hören würden.
Alternativ können Sie auch ein Foto der Person nehmen, sich von ihr verabschieden und sich vorstellen, was Sie gern von ihr hören würden.

Zusammenfassung Kapitel 2: Prüfen Sie Ihre Gedanken, Wünsche und Gefühle

Sich selbst zu erforschen, ist wichtig, denn auf diese Weise wird klar, was Sie für die Person empfinden, hinsichtlich derer Sie Klärungsbedarf haben. Was wollen Sie ihr sagen und was wollen Sie von ihr hören? Wie würde es sich anfühlen, sie loszulassen?
Wenn Sie sich auf die Loslassen-Übung einlassen, macht Sie das frei, weiter an sich zu arbeiten und entspannter als zuvor wieder Offenheit und Vertrauen zu entwickeln.
In Beziehungen kann es vorkommen, dass jemand, an den wir uns klammern, sich von uns abwendet – während jemand, den wir loslassen, sich uns wieder zuwendet, zugänglicher wird und mehr Kontakt möchte.

Kapitel 3
Abwehr, Ärger und Gereiztheit wahrnehmen

Wenn Menschen sich in Beziehungen voneinander entfernen, ist das in der Regel auf Ärger zurückzuführen. Man kann Ärger in unterschiedlichen Stärkegraden empfinden, von einer leichten Irritation über etwas eher Unwichtiges bis zu weißglühender Wut.

Weißglut
Wut
Ärger
Gereiztheit
Leichte Irritation
Unbestimmtes Gefühl von „gefällt mir nicht“

In einer gestörten Beziehung empfinden meist beide Seiten einen mehr oder weniger hohen Grad an Ärger. Aber nicht jeder zeigt seine Irritation oder Wut. Manche fühlen sie nicht einmal richtig, da sie bereits früh gelernt haben, dass Wut ein schlechtes Gefühl ist, das man vermeiden muss. Das Problem von unbewusster Wut ist aber, dass sie unmerklich Schaden anrichtet. Man kann das auch als passive Wut bezeichnen.

Passive Wut

Wut kann sich beispielsweise auf folgende Arten passiv äußern:

- zu spät zu Verabredungen kommen
- nicht ans Telefon gehen
- die Bedürfnisse des anderen ignorieren
- Augenkontakt vermeiden
- positive Äußerungen verweigern
- nicht mitfühlend auf die Situation der anderen Person reagieren, sondern förmlich und kühl bleiben
- nicht zurückrufen
- nie die Initiative ergreifen
- die andere Person ignorieren
- auf Äußerungen der anderen Person mit Schweigen reagieren
- den Kontakt verweigern.

Die aufgeführten Beispiele sind nicht zwingend Ausdruck von passiver Wut, können es aber sein. Sie sind vielleicht ärgerlicher oder wütender, als es Ihnen bewusst ist. Dann äußert sich diese Wut manchmal auf passive Weise. Wenn Sie Zweifel hinsichtlich der Stärke Ihres Ärgers haben, sollten Sie Ihre Gedanken genauer betrachten.

Beispiele von mit Ärger verbundenen Gedanken sind:

- Sie hat unrecht
- Ich wurde hintergangen
- Das ist unfair
- Ich will damit nichts zu tun haben
- Sein Verhalten ist nicht okay
- Ich wurde schlecht behandelt.

Wenn Sie Ihren Gedanken Aufmerksamkeit schenken, entdecken Sie vielleicht Gereiztheit oder Wut, von denen Sie gar nicht wussten, dass sie da sind. Im Umgang mit anderen Menschen ist es wichtig, sich der eigenen Wut bewusst zu sein, damit sie nicht als heimliche Aversion an Ihnen nagt. Unbewusste Gereiztheit oder Wut kann die andere Person indirekt beeinträchtigen oder sie überkommt Sie im falschen Moment und macht Ihre Annäherungsversuche zunichte.

Vielleicht gilt Ihre Wut etwas ganz anderem

Wut ist manchmal einfach ein Schutzschild. Dahinter verstecken sich oft Gefühle der Verletzbarkeit wie z. B. Machtlosigkeit, der Wunsch, geliebt zu werden, oder Traurigkeit. Mit unserer Wut können wir die andere Person auf Distanz halten, sodass sie uns nicht nah genug kommen kann, um unsere Sehnsucht nach ihr zu fühlen. Wenn Sie den Mut haben, Ihren Gefühlen von Trauer oder Machtlosigkeit intensiver nachzuspüren, merken Sie vielleicht, wie Ihre Wut vollständig verschwindet. Sobald es Ihnen gelingt, Trauer und Machtlosigkeit in der Beziehung offen zu zeigen, eröffnen sich oft ganz neue Möglichkeiten.

Machtlosigkeit lässt sich durch die Worte „Ich wünschte …" ausdrücken, beispielsweise:

- ✧ Ich wünschte, ich könnte dir geben, wonach du dich sehnst.
- ✧ Ich wünschte, ich könnte dir eine neue Kindheit schenken.
- ✧ Ich wünschte, ich hätte das Problem eher erkannt.
- ✧ Ich wünschte, ich könnte es wiedergutmachen.
- ✧ Ich wünschte, ich hätte es besser gemacht.

Wenn es um Trauer geht, können Sie Ähnliches sagen, dabei aber „Ich wünschte …" durch „Es tut mir leid …" ersetzen. Beispielsweise: „Es tut mir leid, dass ich es nicht besser gemacht habe."

Im Umgang mit anderen führt der Ausdruck von Verletzlichkeit oft zu besseren Ergebnissen, als seinen Ärger zu äußern.

Ärger und Wut können auch Abwehrmaßnahmen sein, um einer unerfreulichen Realität nicht ins Gesicht sehen zu müssen. Manchmal ist es einfacher, Wut zu empfinden und sie gegen Eltern oder Partner zu richten, als den Schmerz zuzulassen, dass es Ihnen noch nicht gelungen ist, sich ein gutes und sinnvolles Leben aufzubauen.

Widrigkeiten können uns weiterbringen. Sicher standen Sie schon einmal vor einer Herausforderung, die Ihnen unüberwindlich erschien und der Sie am liebsten aus dem Weg gegangen wären. Aber wenn Sie es dann geschafft hatten, waren Sie stolz, es durchgestanden zu haben – und fühlten sich vielleicht ein bisschen größer als vorher und zufriedener mit sich. An Schwierigkeiten können wir wachsen. Krisen sind auch immer Wachstumschancen. Manchmal haben wir Angst davor, uns den Herausforderungen des Lebens zu stellen, halten aber gleichzeitig an dem Gedanken fest, unser Leben hätte besser sein sollen und richten unseren Zorn darüber gegen eine Person, der wir die Schuld daran geben, oder vielleicht auch einfach gegen die Person, die uns am nächsten steht. Manchmal sind wir uns gar nicht klar darüber, wieso diese Person Ärger oder Gereiztheit in uns hervorruft. Es kann schlichtweg daran liegen, dass wir tief im Innern von unserem Leben enttäuscht sind.

Verschiebung von Wut

Manchmal verschieben wir unseren Zorn auf einen schuldlosen Dritten. Kinder beispielsweise richten häufig ihre Wut über eine Scheidung oder eine andere frustrierende Erfahrung gegen den Elternteil, dessen Liebe sie sich sicherer fühlen, oder gegen die Person, von der sie unbewusst annehmen, dass diese die nötige Kraft hat, ihre Wut auszuhalten. Dasselbe gilt für Jugendliche. Jugendliche, die ihren Eltern gegenüber nie ihre Wut zum Ausdruck gebracht haben, sind im Innern vielleicht zutiefst unsicher, ob sie geliebt werden oder ob die Eltern mit ihrer Wut umgehen können, ohne daran zu zerbrechen.

Ein weiteres Beispiel einer typischen Verschiebung von Wut ist, wenn Sie Ihre Wut gegen ein Geschwister richten, das häufig bevorzugt wurde, statt gegen diejenigen, die die Aufgabe haben, alle Geschwister gleich gut zu behandeln. Es fühlt sich in der Regel weniger gefährlich an, auf ein Geschwister oder einen Lehrer wütend zu sein als auf die Eltern, die von vielen von uns idealisiert werden – manchmal bis ins Erwachsenenalter hinein. In diesem Beispiel vermeidet Svend zunächst einen kritischen Blick auf seine Eltern:

Nachdem es mir jahrelang nicht gut gegangen war, beschloss ich, zu einem Psychotherapeuten zu gehen. Wir sprachen über meine Kindheit und ich erinnerte mich an einige Situationen auf dem Schulhof, als die anderen Kinder mich hänselten und der aufsichtführende Lehrer nicht eingriff. Ich war froh, den Grund für mein geringes Selbstwertgefühl gefunden zu haben, und entschied, die Therapie zu beenden, in der Hoffnung, dass nun alles besser werden würde.

Leider hatte meine Kurzzeit-Psychotherapie keine große Wirkung. Nach Jahren des Nachdenkens entschloss ich mich, sie fortzusetzen. Inzwischen war ich reifer geworden und eher bereit, in die Tiefe zu gehen. Bei meiner ersten Therapie hatte ich nicht das Bedürfnis, über meine Eltern zu sprechen. Es fühlte sich so illoyal an. Aber nun dachte ich, es könnte vielleicht nötig sein.
Als ich davon erzählte, wie meine Mutter mich übersehen hat und meist viel zu sehr mit sich selbst beschäftigt war, um sich für mich zu interessieren, hatte ich mit Gefühlen von Scham und Angst zu kämpfen.
Es war ein langwieriger Prozess, in dessen Verlauf ich einige extrem schmerzhafte Erinnerungen an die Beziehung zu meiner Mutter durchlebte. Es war unangenehm, aber ich fühlte, dass es mir half und dass ich begann, mich selbst immer besser zu verstehen und zu akzeptieren. Die Wut über den Lehrer, der mich ignoriert hatte und die ich lange mit mir herumgetragen hatte, verlor jede Macht über mich.
Svend, 61 Jahre

Es ist typisch für Psychotherapiepatienten, zuerst solche Episoden aufzudecken, die die Eltern entlasten. Wenn Sie den Grund für Ihre Probleme in Situationen gefunden haben, die nichts mit einer der engsten Bezugspersonen in der Kindheit zu tun haben, ist das völlig in Ordnung, falls Ihre Aufdeckung Ihnen hilft, sich besser zu fühlen. Wenn das nicht der Fall ist, müssen Sie ein wenig tiefer gehen.

Verschiebung von Wut findet man auch in Arbeitssituationen, wo sich Ärger und Frustration manchmal gegen einen Kollegen richten, der gar nicht der eigentliche Grund für die Frustration ist. Vielleicht gibt es einen Vorgesetzten oder einen absolut unangenehmen Chef, dem gegenüber niemand seinen Ärger offen zu zeigen wagt. Da ist es einfacher, einen Kollegen zusammenzustauchen oder sich über ihn zu beschweren und auf diese Weise ein Ventil für seine Wut und Enttäuschung zu finden. Der Kollege, der darunter zu leiden hat, ist typischerweise eine Person, die sich nicht traut, die Zähne zu zeigen, und gegen die man also gefahrlos seine Aggressionen richten kann.

Vielleicht empfinden Sie die Wut anderer

Es ist Ihnen vielleicht schon einmal passiert, dass eine Mitstudentin oder Kollegin Ihnen anvertraut hat, sie sei von einer dritten Person schlecht behandelt worden, woraufhin Sie selbst wütend auf diese Person wurden. Besonders unangenehm ist eine solche Situation, wenn die besagte dritte Person jemand ist, den Sie gern haben. Um diesem Zwiespalt zu entkommen, ergreifen Sie vielleicht Partei und sind nun entweder auf die dritte Person wütend oder auch auf diejenige, die sich schlecht behandelt fühlt.

Das Gleiche passiert in Familien, und zwar oft unbewusst. Wenn beispielsweise ein Elternteil sehr wütend auf den anderen ist, besteht die Gefahr, dass Sie eine Wut übernehmen, die nicht die Ihre ist. Vielleicht empfinden Sie Wut oder einen heftigen Ärger auf Ihren Vater und sind sich gar nicht über den genauen Grund im Klaren. In so einem Fall sollten Sie überprüfen, ob Sie nicht vielleicht unbewusst die Wut Ihrer Mutter, eines Großelternteils, eines Geschwisters oder einer anderen Ihnen nahestehenden Person übernommen haben. Das kann sogar dann der Fall sein, wenn diese Wut nie zur Sprache gekommen ist. Unbewusst absorbieren wir Körpersprache oder andere kleine Signale, die das Bewusstsein gar nicht wahrnimmt. Dennoch können sie uns emotional beeinträchtigen.

In der Generation meiner Eltern gab es viele Hausfrauen, die keinen Beruf hatten – und vielleicht auch nicht den Mut, die Chancen hierfür zu ergreifen. Viele von ihnen waren verständlicherweise ziemlich frustriert und ihre Kinder wuchsen demzufolge in einer emotional ungesunden Atmosphäre heran. Sie haben möglicherweise die Wut ihrer Mutter auf den Vater absorbiert und konnten keine herzliche, enge emotionale Beziehung zu ihm aufbauen.

Wenn Sie Wut oder Gereiztheit empfinden, die Sie nicht verstehen oder die unverhältnismäßig sind, ziehen Sie in Erwägung, dass Sie sich jemandem verpflichtet fühlen, der selbst wütend auf die Person ist, gegen die Ihr Ärger sich richtet.

In meinem Buch *The Emotional Compass* (2016) können Sie mehr über Wut und den Umgang damit nachlesen.

Übung

Überprüfen Sie Ihre Gefühle: Wie groß ist Ihre Wut? Stellen Sie fest, ob Sie vielleicht wütender sind, als Sie glauben.

Haben Sie wuterfüllte Gedanken?

Drückt sich Ihre Wut auf passive Weise aus?

Wenn Sie wütend sind, prüfen Sie

- ✧ ob Ihre Wut sich gegen die richtige Person richtet
- ✧ ob sich hinter Ihrer Wut andere, verletzlichere Gefühle verbergen
- ✧ ob es sein kann, dass Sie die Wut von jemand anderem übernommen haben
- ✧ ob Sie mit Ihrem eigenen Leben unzufrieden sind und sich machtlos fühlen.

Versuchen Sie, Ihre Machtlosigkeit und Ihre Enttäuschung auszudrücken, indem Sie diese Sätze vervollständigen:

- ✧ Ich wünschte, ich ...
- ✧ Es tut mir leid, dass ...

Zusammenfassung Kapitel 3:
Abwehr, Ärger und Gereiztheit wahrnehmen

Wenn eine Beziehung abgekühlt oder ganz eingeschlafen ist, kommt meist Wut ins Spiel. Sie können diesen Ärger in unterschiedlichen Stärkegraden empfinden. Häufig suchen wir den Grund für unsere Wut bei einer anderen Person. Es kann also sinnvoll sein, zu überprüfen, ob die Wut verschoben oder von jemand anderem übernommen wurde oder ob sie ein Schutzschild für unsere eigene Verletzlichkeit oder Frustration ist.

Kapitel 4
Zeigen Sie, dass Sie offen für die Sichtweise der anderen Person sind

Wenn in einer Beziehung etwas vorgefallen ist, das uns enttäuscht oder empört hat, kann es passieren, dass wir danach vieles, was die andere Person tut oder sagt, negativ interpretieren, um weitere Enttäuschungen zu vermeiden. Vielleicht hat sich jemand, von dem Sie immer dachten, er stehe auf Ihrer Seite, plötzlich gegen Sie gewendet. Oder ein wichtiger Freund hat Sie in einem unerwarteten Moment abgewiesen. Oder Sie mussten feststellen, dass Sie für einen bestimmten Menschen nicht so wichtig sind, wie Sie glaubten.

Wenn wir eine unangenehme Überraschung erlebt haben, interpretieren wir zukünftig die Absichten der anderen Person auf die größtmögliche negative Weise – in der Hoffnung, dann zumindest positiv überrascht werden zu können. Dies hat aber unglücklicherweise den negativen Effekt, dass wir positive Bemühungen der Betreffenden gar nicht mehr wahrnehmen, weil wir sozusagen Scheuklappen tragen.

Ein Beispiel aus meinem Leben:

Ich war 18 Jahre alt und saß in Tränen aufgelöst meinem Vater gegenüber – ich fühlte mich furchtbar und verstand selbst nicht, warum. Und dann sagte mein Vater, er liebe mich sehr und habe schon häufig meinetwegen geweint, was normalerweise nie vorkomme. Ich dachte: „Jaja. Das sagt sich leicht, aber wie kann ich es glauben, so oft, wie er mich im Stich gelassen hat? Meint er, das ist eine Zauberformel und ich – Abrakadabra! – muss nicht mehr weinen?" Zwanzig Jahre später, nach jahrelanger Therapie, wurde mir klar, dass er es wirklich so meinte, und ich war froh darüber.

Unsere Interpretation unseres Gegenübers und dessen, was in der Beziehung passiert, werden zu Geschichten, die wir uns selbst und uns gegenseitig erzählen. Manchmal haben wir eine Geschichte schon unzählige Male aufgetischt und inzwischen vergessen, dass wir nach und nach bei ihrer Ausgestaltung einige Entscheidungen getroffen haben. Beispielsweise hatte ich entschieden, an der Interpretation festzuhalten, dass mein Vater nicht besonders viel Interesse an mir hatte. In diesem Licht betrachtete ich alles, was er später sagte und tat – und versäumte dabei, mich über die kleinen positiven Annäherungen seinerseits zu freuen, die ich damals als reine Taktik betrachtete.

Wenn Sie einmal genau darauf achten, wie Sie beispielsweise darüber sprechen, warum Ihre Beziehung so abgekühlt oder ganz eingeschlafen ist, spüren Sie vielleicht, dass Sie das auch auf andere Weise hätten interpretieren können. Versuchen Sie, offen dafür zu sein, dass Ihre Geschichte vielleicht nicht die ganze Wahrheit enthält.

Niemand ist im Besitz der „ganzen Wahrheit“

Unsere Geschichten erzählen nie die raue Wirklichkeit. Wir haben verschiedene Informationen auf unsere eigene Weise zusammengefügt und vielleicht ein bisschen was dazuerfunden, damit alles einen Sinn ergibt und nachvollziehbar ist. Unser Gegenpart in der Geschichte erzählt zweifelsohne eine ganz andere Realität.

Der folgenden Abbildung können Sie entnehmen, dass Hans und Helle Anteile ihrer gemeinsamen Realität unterschiedlich gewichten.

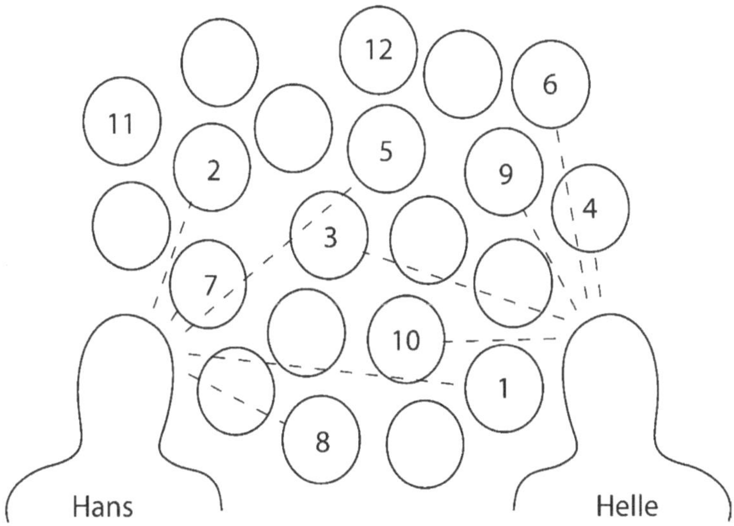

1. Helle möchte nur einmal im Monat Sex.
2. Hans kauft Helle häufig Blumen und lobt ihre Kochkunst.
3. Wenn Hans von der Arbeit nach Hause kommt, trinkt er zwei Flaschen Bier und macht dann ein Schläfchen.

4. Hans weigert sich, am Wochenende mit Helle auszugehen.
5. Für Helle hat die Beziehung zu ihren Freunden mehr Gewicht als ihre Beziehung mit Hans.
6. Helle hat schon oft versucht, mit Hans über ihre Probleme zu reden.
7. Hans löst für Helle viele praktische Probleme.
8. Helle spricht immer sehr positiv von ihrem Arbeitskollegen.
9. Hans beklagt sich oft über seine Arbeit.
10. Helle bereitet Hans häufig seine Lieblingsgerichte zu.
11. Im Sommerurlaub hatten Hans und Helle eine schöne Zeit zusammen.
12. Hans hat vergangenen Herbst seine Arbeitsstelle gewechselt.

In Hans' Version ist das größte Problem, dass Helle kaum sexuelles Interesse an ihm zeigt, aber immer sehr positiv von ihrem Kollegen spricht. Alle, die Hans' Version hören, können verstehen, dass er die Beziehung mit Helle satthat. Sie wissen nicht, dass er all seine Frustration bei Helle ablädt und dass sie ihm oft seine Lieblingsgerichte kocht. Vielleicht bemerkt Hans Helles Bemühungen, ihn glücklich zu machen, gar nicht. Helle erzählt ihren Freunden, dass Hans nichts weiter will, als Bier trinken, sich beklagen und auf dem Sofa liegen, sodass sie an den Wochenenden allein etwas unternehmen muss – und alle, die ihre Geschichte hören, verstehen, dass sie keine Lust auf Sex mit Hans hat. Vielleicht merkt Helle gar nicht, dass Hans sich auf viele Arten bemüht, sie glücklich zu machen. Weder Hans' noch Helles Geschichte ist unwahr. Nur sprechen beide aus ihrer persönlichen Erfahrung und aus ihrer eigenen Sichtweise heraus.

Deine und meine Version

Die Geschichten, die wir erzählen, sind meist wohldurchdacht und haben das heimliche oder vielleicht auch unbewusste Ziel, uns vor Verurteilungen zu schützen. Beispielsweise fällt es leichter, zu sagen: „Ich habe mich scheiden lassen, weil mein Mann getrunken hat", statt offen für seine Version zu sein, die lauten könnte: „Sie war kalt und gefühllos, ich habe getrunken, um das ertragen zu können." Wenn Freunde fragen, woran die Beziehung gescheitert ist, scheuen wir keine Mühe, die Gründe auf eine Weise zu formulieren, die uns nicht in einem schlechten Licht dastehen lässt oder Gefühle von Schuld und Scham in uns weckt. Die Angst, verurteilt zu werden, kann so übermächtig sein, dass wir sogar so weit gehen, die Realität ein wenig zu fiktionalisieren oder so zu tun, als seien unsere Interpretationen die ganze Wahrheit. Vielleicht haben Sie ja selbst schon Dinge erfunden oder frei interpretiert.

In Konfliktsituationen kann es leicht passieren, dass wir die andere Person als viel wütender, böser oder gefährlicher sehen, als sie eigentlich ist. Wenn wir uns mitten in einem Konflikt trennen, lebt dieses verzerrte Bild des anderen in uns weiter und führt zu Unsicherheit und negativen Vorstellungen. Entscheiden wir uns, die Person wiederzusehen, von der wir ein solches Feindbild aufgebaut haben, stellt sich oft heraus, dass die „böse, gefährliche Person" ebenso ängstlich und traurig ist wie wir.

Sie können die andere Person und die gemeinsame Geschichte auf viele verschiedene Arten interpretieren. Manche Interpretationen blockieren jede Hoffnung, während andere Offenheit fördern und Raum für neue Einsichten oder Initiativen schaffen. Es geht nicht darum, die andere Person als positiv oder negativ zu bewerten. Es geht darum, so realistisch wie möglich zu sein, und vor allem offen dafür, dass deren Version des gemeinsam Erlebten ebenso wahr sein könnte wie die Ihre – auch wenn sie sich komplett anders anhört.

Wie Sie Ihre Offenheit für die Sichtweise der anderen Person zeigen

Manchen Menschen fällt es schwer, über Probleme zu reden, weil sie die Darstellung des gemeinsam Erlebten aus Sicht des anderen als Kritik an ihrer eigenen Wahrnehmung verstehen. Möglicherweise kennen Sie es aus eigener Erfahrung, dass Sie beim Zuhören immer unsicherer werden, ob Ihre eigene Wahrnehmung falsch oder fehlerhaft ist. Aber wahrscheinlich sind beide Wahrnehmungen gleich wahr, und statt der Darstellung der anderen Person zu widersprechen, könnten Sie den Konflikt beispielsweise dadurch lösen, dass Sie sagen: „Gut zu wissen, wie du die Dinge siehst. Ich sehe sie anders, aber das ist kein Wunder, da wir schließlich zwei verschiedene Menschen sind." Oder: „Ich habe das anders erlebt, aber ich denke, wir sollten es dabei belassen."

Wenn Sie Ihre Art, über Ihre Wahrnehmungen zu sprechen, nur leicht verändern, zeigt das Ihrem Gegenüber, dass auch seine Version akzeptiert wird, selbst wenn sie sich von der Ihren unterscheidet. Hier einige passende Formulierungen:

- „Ich finde …"
- „Für mich sieht es so aus, als wenn …"
- „Aus meiner Sicht …"

Also besser nicht: „Immer hast du Kopfschmerzen!“, sondern: „Mir kommt es vor, als hättest du ständig Kopfschmerzen.“

Nicht: „Unser Haus ist immer unordentlich!“, sondern: „Ich finde unser Haus zu unordentlich.“

Und nicht: „Du warst so wütend!“, sondern: „Auf mich hast du so wütend gewirkt.“

Es macht einen Riesenunterschied, wenn Sie sich zu signalisieren bemühen, dass Ihnen bewusst ist, die Wahrheit nicht gepachtet zu haben, und dass das, was Sie sagen, nur *Ihren* Standpunkt wiedergibt.

Die andere Person wird daraufhin eher geneigt sein, Ihnen ihre Wahrnehmung der Situation mitzuteilen.

Übung

Schreiben Sie auf, was Sie erzählen, wenn Sie von der Entfremdung zwischen Ihnen und der anderen Person berichten.
Lesen Sie es noch einmal durch, und zwar mit möglichst ehrlichem, objektivem Blick.
Könnte die Geschichte auch anders lauten?
Was glauben Sie, wie die Geschichte klingt, wenn sie die andere Person erzählt?

Üben Sie, Ihrem Gegenüber zu signalisieren, dass es auch andere Betrachtungsweisen der Realität gibt als die Ihre. Verwenden Sie dabei Formulierungen wie: „Für mich sieht es so aus, als wenn …“ oder „Ich finde …“.

Zusammenfassung Kapitel 4: Zeigen Sie, dass Sie offen für die Sichtweise der anderen Person sind

Manchmal interpretieren wir andere Menschen auf negative Weise. Das mag eine alte Gewohnheit aus der Kindheit sein, die uns erfolgreich vor Enttäuschungen geschützt hat. Aber denken Sie daran: Ihre Kindheit ist vergangen. Sie haben überlebt und brauchen die alten Selbstschutzmechanismen nicht mehr, die Sie als Kind entwickelt haben. Als erwachsener, reifer Mensch sind Sie in der Lage, Ihre Interpretationen von negativer Verzerrung hin zu einer neutralen Einschätzung zu verändern – und Offenheit für die Idee zu zeigen, dass die Interpretation der anderen Person genauso richtig sein kann wie die Ihrige. Wenn Ihnen das gelingt, entstehen positivere Gefühle und die Beziehung wird sich verbessern.

Kapitel 5
Den ersten Schritt machen

Wenn es Ihnen gelungen ist, eine offene, flexible Haltung gegenüber der anderen Person einzunehmen, und Sie mit Mut und guten Vorsätzen an die Sache herangehen, ist der Rest manchmal so einfach wie in diesem Beispiel:

Nach sechs Monaten Funkstille aufgrund einer Meinungsverschiedenheit über einen Umbau nahm John eines Tages all seinen Mut zusammen. Er hatte in der Nachbarwohnung Licht gesehen und plötzlich war der Impuls da gewesen, hinüberzugehen und an die Tür zu klopfen. Lars saß am Küchentisch und starrte finster auf die Tischdecke hinunter. Er sagte kein Wort – alles andere als ein herzlicher Empfang. John suchte Lars' Blick und platzte mit den klugen Worten heraus: „Lars, verdammt noch mal!" Lars riss die Augen auf, stand auf, legte seine Hand auf Johns Schulter, sagte: „Cool", und holte ein paar Flaschen Bier aus dem Kühlschrank.

Meistens ist es gar nicht nötig, im Voraus zu planen, was Sie sagen wollen. Wenn Sie die richtigen Absichten, einen guten Willen, haben, kommen die Worte oft ganz von selbst – oder sind vielleicht gar nicht nötig.

Manchmal ist aber doch etwas mehr Vorbereitung angebracht. Wenn Sie bereits erfolglos versucht haben, Kontakt zu der betreffenden Person aufzunehmen, sollten Sie den nächsten Schritt mit Bedacht planen. Um herauszufinden, wie weit Sie für ein Treffen mit der Betreffenden gehen wollen, können Sie vorab den Test am Ende dieses Buchs machen.

Telefon, E-Mail oder von Angesicht zu Angesicht

Wenn Sie Kontakt mit jemandem aufnehmen wollen, ist es wichtig, sich über die Art, wie Sie das tun werden, Gedanken zu machen. Wollen Sie die betreffende Person per Telefon, E-Mail oder persönlich kontaktieren? Alle drei Möglichkeiten haben Vor- und Nachteile. Manchmal verschwinden bei einem persönlichen Treffen plötzlich alle negativen Vorstellungen von der anderen Person, und im besten Fall empfinden Sie wieder die Zuneigung, die da einmal war. Die Bitte um ein persönliches Treffen kann aber auch aufdringlich wirken, besonders wenn die betreffende Person bisher gar keinen Kontakt wollte. Schätzen Sie ein, was für ein Mensch sie ist. Ist sie eher introvertiert, wird sie vielleicht eine Kontaktaufnahme per E-Mail bevorzugen und könnte mit einem persönlichen Treffen aus heiterem Himmel überfordert sein.

Der Vorteil beim telefonischen Kontakt ist, dass diese Form der Konfrontation nicht ganz so überwältigend ist und sich dennoch aus der Art der Person, zu sprechen, einiges an Gefühlen heraushören lässt; außerdem gibt es mehr Raum für Spontaneität und Humor als beispielsweise bei einer Textnachricht oder E-Mail.

E-Mails haben den Vorteil, dass man sich damit jemandem auf eher zurückhaltende Weise nähert. Die andere Person wird nicht mit einem Gespräch „überfallen“. Stattdessen kann sie beispielsweise zunächst die Betreffzeile lesen und erst dann mit dem Rest fortfahren, wenn sie sich bereit dafür fühlt. Ein weiterer Vorteil einer E-Mail ist, dass Sie in Ruhe an Ihren Formulierungen feilen können, ohne Gefahr zu laufen, mitten in ein emotionales Minenfeld zu laufen, indem Sie etwas Unüberlegtes sagen.

Der Austausch von E-Mails kann sogar für Menschen sinnvoll sein, die zusammenleben. Das hat die Vorteile beider Optionen: Man kann sein Anliegen wohlbedacht formulieren und zu einem Zeitpunkt antworten, wenn man ruhig und mit seinen eigenen Gefühlen in Kontakt ist.

Wenn weder Telefon noch E-Mail noch der Kontakt von Angesicht zu Angesicht eine geeignete Form der Kontaktaufnahme zu sein scheinen, können Sie eine noch einfachere Art des Kontakts wählen: Schicken Sie der Betreffenden ein Geschenk. Bestellen Sie einfach einen Strauß Blumen im Internet und schicken Sie eine Grußkarte mit, in der Sie etwas Nettes schreiben, wie zum Beispiel: „Beim Aufräumen alter Kartons musste ich daran denken, wie du mir damals beim Umzug geholfen hast. Habe ich dir eigentlich je gesagt, wie dankbar ich dir für deine Hilfe war? Wenn nicht, dann hoffe ich, dass es noch nicht zu spät dafür ist. Danke für deine Hilfe! Wenn du einverstanden bist, würde ich gern wieder mehr Kontakt mit dir haben", oder einfach ein kurzes: „Du fehlst mir."

Wenn Sie sich für eine Form des Kontakts entschieden haben, ist die nächste Frage die nach dem Inhalt des ersten Treffens. Hier gibt es zwei mögliche Wege. Sie können vorschlagen, etwas Vergnügliches gemeinsam zu unternehmen, oder ein ernsthaftes Gespräch initiieren über die Gründe, weshalb Ihre Beziehung sich so abgekühlt hat oder geendet ist. Sie können entscheiden, welcher Weg für Sie beide am besten passt oder einen nach dem anderen ausprobieren.

Der Vorschlag, etwas Schönes zusammen zu unternehmen

Wenn Sie früher gern zusammen zum Fußball gegangen sind oder einen Einkaufsbummel gemacht haben, liegt es nahe, genau das vorzuschlagen. Etwas Vergnügliches zusammen zu tun, lockert die Situation auf und hilft, aufgestauten Ärger oder Verletzungen zu überwinden. In manchen Beziehungen können Wunden sogar geheilt werden, ohne über die Gründe für die Trennung zu reden. Manchmal reicht eine humorvolle Bemerkung, um die Situation aufzulockern.

Ein anderes Mal kann es von Vorteil sein, über das zu reden, was schiefgelaufen ist. Mehr dazu können Sie im folgenden Kapitel lesen.

Übung

Entscheiden Sie, ob die erste Annäherung per Telefon, E-Mail oder von Angesicht zu Angesicht stattfinden soll.
Legen Sie fest, welchen Inhalt Ihr erster Kontakt haben soll.
Möchten Sie die betreffende Person zu einem Gespräch über das, was schiefgegangen ist, einladen oder lieber vorschlagen, etwas Schönes gemeinsam zu unternehmen?

Zusammenfassung Kapitel 5:
Den ersten Schritt machen

Wenn es Ihnen gelungen ist, der betreffenden Person gegenüber eine aufrichtig offene und flexible innere Haltung einzunehmen, geht alles andere oft wie von selbst, ohne vorherige Planung dessen, was Sie sagen wollen. Wenn allerdings frühere Versuche der Kontaktaufnahme gescheitert sind, sollten Sie die Form und den Inhalt Ihrer Annäherung gründlich überdenken, bevor Sie eine neue Initiative starten.

Kapitel 6
Ein vertrauliches Gespräch initiieren

Viele Menschen glauben, man müsse zuerst und vor allem Dinge klären, um nach einem Streit oder einer Trennung wieder Frieden zu schließen. Sie versuchen, die andere Person davon zu überzeugen, dass sie nie aus bösem Willen gehandelt haben, sondern alles, was sie taten oder unterließen, mit besten Absichten geschehen sei. Das war auch Hennings Standpunkt im folgenden Beispiel.

Mein kleiner Bruder hat gar keinen Kontakt mehr zu meinen Eltern und nur wenig Kontakt mit mir – er kommt ein paarmal im Jahr kurz zu Besuch. Ich habe seinetwegen ein schlechtes Gewissen. Unsere Eltern haben uns nicht gleich behandelt. Ich war der Kluge, Pflichtbewusste. Mein Bruder war der Schusselige und hatte Schwierigkeiten, in der Schule mitzukommen. Ich habe oft gehört, wie meine Eltern mit ihm schimpften und sagten, er solle sich an mir ein Beispiel nehmen.

Ich habe versucht, ihm zu erklären, dass das nicht meine Schuld war, dass ich das Problem erst erkannt habe, als ich erwachsen war, dass unsere Eltern möglicherweise dachten, sie würden ihn anspornen, wenn sie ihm mich als Beispiel vorhielten, dass es in vielen Familien solche Ungleichbehandlung gibt und dass es doch für uns alle besser

wäre, wenn er die Vergangenheit hinter sich lassen könnte. Eines Tages hatte ich es satt, mich immer dieselben Dinge sagen zu hören. Ich hatte keine Ahnung, was ich stattdessen hätte sagen können, aber plötzlich sprudelte es aus mir heraus: „Diese ungleiche Behandlung war einfach Mist!" Daraufhin hob mein Bruder den Kopf, sah mich mit Tränen in den Augen an und begann mir zu erzählen, wie schrecklich es für ihn gewesen war.
Henning, 55 Jahre

In diesem Beispiel wird deutlich, dass Hennings Erklärungen zu nichts führten. Erst als er aufhörte, sich und seine Eltern zu erklären und zu entschuldigen, gab es einen Durchbruch.

Erklärungen können wie Rechtfertigungen wirken und enthalten einen versteckten Vorwurf gegen die andere Person. Deshalb ist es wichtig, als Erstes die Erklärungen wegzulassen.

Nach einer Trennung oder wenn eine Beziehung brüchig geworden oder abgekühlt ist, ist es sehr wahrscheinlich, dass mindestens eine der beteiligten Seiten negative Gefühle empfindet. Ihnen Raum zu geben, kann zu neuer Tiefe und Ehrlichkeit in der Beziehung führen. Es kann allerdings auch riskant sein. Wenn Sie beide nicht über genügend Größe und psychische Flexibilität verfügen, kann das schnell in einem Disput enden, der alles noch schlimmer macht. Das Risiko verkleinert sich, wenn Sie zuerst Ihre eigenen Gefühle von Verletztheit für sich behalten und sich damit begnügen, der anderen Person zuzuhören.

Sie können auf zwei Arten vorgehen.

1. Ebnen Sie den Weg für ein ehrliches Gespräch, in dem beide Seiten darüber sprechen können, was sie in der Beziehung stört.
2. Bitten Sie die andere Person, ihre Meinung zu sagen, und beschränken Sie sich aufs Zuhören.

Im Folgenden werde ich den ersten dieser beiden Wege näher beschreiben. Die Beschreibung der zweiten Variante finden Sie im nächsten Kapitel.

Sinnvolle Gespräche auf der vierten Ebene

Wenn Sie die Briefschreib-Übung im 2. Kapitel gemacht haben, wissen Sie vermutlich, was Sie sich von der anderen Person wünschen. Bringen Sie Ihre Wünsche zum Ausdruck – und ebenfalls Ihren Kummer, falls sie nicht erfüllt werden. Sagen Sie, wovor Sie sich fürchten.

Im manchen Beziehungen kann es auch hilfreich sein, Wut zu äußern. Aber oft erzeugt Wut ebenfalls Wut. Wenn die andere Person von Ihrer Wut hört, will sie vielleicht ihre Wut auch äußern. Das kann schnell dazu führen, dass beide Seiten sich verschließen und hinter ihren Schutzschilden verschwinden. Denn unsere Wut ist häufig genau das: ein Schutzschild. Wenn Sie es wagen, weichere Gefühle zu äußern, die meist unter dem Schutzschild aus Ärger und Wut liegen, stehen die Chancen, dass sich die andere Person Ihnen öffnet, wesentlich besser.

In meinem Buch *Die Kraft des Fühlens: Hochsensibilität erkennen und positiv gestalten* (2016) schildere ich das Modell der vier verschiedenen Ebenen in der Kommunikation. Ebene 1 wird bestimmt durch einen Plauderton (Smalltalk) und durch Oberflächlichkeit, Ebene 2 durch gemeinsame Interessen, Ebene 3 durch Vertrauen und Ebene 4 durch eine direkte Beziehung. In unserem Zusammenhang ist vor allem die vierten Ebene von Bedeutung, denn in dieser direkten Beziehung stellen Sie ausschließlich sich selbst als „Ich" gegenüber einem „Du" dar, und das nur im Hier und Jetzt, so wie wir uns in genau diesem Moment fühlen. Und spüren, wie sich die eigene Reaktion auf den anderen auswirkt und umgekehrt. Dieses Gespräch auf der vierten Ebene ist äußerst hilfreich, wenn es um die diversen Leichen im Keller jeder Beziehung geht.

Hier einige Beispiele, wie Sie ausdrücken können, was Sie im Moment denken oder fühlen:

- Ich würde dir gern näherkommen, aber ich bin nicht sicher, ob du das auch willst.
- Du schaust weg. Ich fühle mich zurückgewiesen.
- Es macht mich traurig, dass ich dich nicht mehr erreichen kann.
- Die Situation ist ungewohnt für mich, ich habe Herzklopfen.
- Ich hoffe, dass du mich bald irgendetwas fragst, damit ich das Gefühl habe, dass du an mir und meinem Leben interessiert bist.
- Ich hoffe, es erschreckt dich nicht, wenn ich so offen bin.
- Ich vermisse es, dass du mir etwas Positives sagst.
- Ich würde dich wirklich gern umarmen, statt hier still und ängstlich zu sitzen.
- Du bist so still, das macht mir Angst.
- Ich habe dich sehr gern.
- Ich suche verzweifelt nach dem Lächeln, das früher in deinen Augen war, wenn sich unsere Blicke trafen.

Sie können natürlich auch damit beginnen, dass Sie die andere Person fragen: „Was sind deine Gefühle mir gegenüber?" Allerdings stehen die Chancen, dass die Betreffende sich öffnet, wesentlich besser, wenn Sie zuerst selbst den Mut aufbringen, etwas zu sagen, was von Herzen kommt.

Offenheit und Ehrlichkeit wirken ansteckend, sodass die andere Person sich vielleicht auch öffnet und Sie beide über Ihre Beziehung und Ihre Gefühle füreinander reden können. Folgt aber die Betreffende nicht Ihrem Beispiel, können Sie versuchen, sie zu ermutigen, indem Sie beispielsweise sagen: „Ich sage sonst die Dinge nicht so offen und direkt. Deshalb ist es wichtig für mich, zu wissen, wie es sich für dich anfühlt, wenn ich das sage." Wenn sie schockiert aussieht, können Sie noch hinzufügen: „Es muss nicht sofort sein, aber es würde mir viel bedeuten, wenn du etwas erwidern würdest. Ich werde mir viele Gedanken über unser Gespräch machen und vielleicht auch etwas Angst davor haben, wie du reagieren wirst."

Wenn wir uns so im Kontakt auf der vierten Ebene treffen, erfahren wir, wie wichtig wir der anderen Person sind. Das kann sehr positiv und bestätigend wirken. Und in der Regel erinnern wir uns noch lange im Nachhinein an Gespräche der vierten Ebene.

Auszudrücken, was Sie in diesem Moment empfinden, ist leichter gesagt als getan. Manchmal ist es von Vorteil, eine dritte Person zum Gespräch dazuzubitten, die als Moderator fungieren und auch – wenn nötig – Pausen anordnen kann.

Nicht jeder möchte in seiner Beziehung so offen und ehrlich sein. Aber wenn Sie es wagen, offen zu reden, auch über negative Gefühle, können Sie die Beziehung vertiefen und stärkere Bindungen herstellen.

Neben dem Preisgeben der Gefühle, die in Ihnen brodeln, wenn Sie zusammen sind, kann es sein, dass einer von Ihnen auch über Dinge aus der Vergangenheit sprechen möchte. Dabei ist es wichtig, das ohne Vorwurf zu äußern. Beginnen Sie, indem Sie – wenn Sie können – etwas Nettes zu der anderen Person sagen. Das wird sowohl ihr Gefühl von Sicherheit in der Situation als auch ihren Mut, sich offen und verletzlich zu zeigen, steigern.

Wenn es um Ihre Eltern geht und Sie mit ihnen über etwas aus der Kindheit reden möchten, bedenken Sie, dass die Normen hinsichtlich der Kindererziehung sich geändert haben, seit Sie ein Kind waren. Achten Sie also darauf, Ihre Eltern nicht an heutigen Normen zu messen. Sie können so beginnen: „Ich weiß, dass man anders mit Kindern umgegangen ist, als ich klein war." Und falls Sie – ohne zu lügen – hinzufügen können: „Ich weiß, ihr habt euer Bestes getan", haben Sie eine gute Grundlage für das Gespräch geschaffen und können nun darüber reden, was Sie als Kind vermisst haben.

Wenn Sie eine Möglichkeit finden, Ihren Eltern ganz einfache Verhaltensanleitungen zu zeigen, könnte sie das motivieren, sich wirklich auf einen Dialog einzulassen. Wenn Sie sich beispielsweise nicht genug beachtet gefühlt haben, können Sie sagen: „Es ist noch nicht zu spät. Ihr könnt es immer noch tun. Sagt mir, was ihr an mir als Kind gut fandet und worin ich eurer Meinung nach heute gut bin."

In Beziehungen, in denen die andere Person mindestens ebenso interessiert am Kontakt mit Ihnen ist wie umgekehrt, ist es besonders wirksam, offen und ungeschützt zu sagen, was Sie fühlen. Wenn die betreffende Person aber Ihr Kind oder eine andere nahestehende Person ist, die aus irgendeinem Grund den Kontakt zu Ihnen bisher zurückgewiesen hat, sollten Sie zweimal überlegen, bevor Sie mit Ihren Gefühlen herausplatzen. Die Betreffende könnte sich kritisiert fühlen oder den Eindruck haben, Sie kommen ihr zu nahe – und sich noch mehr zurückziehen.

Wenn Sie in Zweifel darüber sind, wie weit Sie sich auf ein Risiko einlassen wollen, ist es klüger, umsichtig vorzugehen und sich erst einmal zurückzuhalten, während Sie die betreffende Person bitten, sich zu äußern. Mehr dazu können Sie im nächsten Kapitel lesen.

Übung

Überlegen Sie sich, ob Sie ein vertrauliches Gespräch initiieren wollen, in dem Sie beide sich äußern, oder ob Sie Ihrem Gegenüber erst einmal nur zuhören wollen. Wenn Sie sich für Ersteres entscheiden, dann üben Sie, sich ehrlich und ungeschützt auszudrücken und, so weit wie möglich, dabei nicht die andere Person zu beschuldigen. Bringen Sie Ihre Aussagen zu Papier und überlegen Sie, wie Sie selbst reagieren würden, wenn die andere Person so offen mit Ihnen reden würde.

Zusammenfassung Kapitel 6: Ein vertrauliches Gespräch initiieren

Wenn Sie auf einen Menschen zugehen wollen, kann es sich als gut und notwendig erweisen, ehrlich darüber zu reden, was schiefgelaufen ist. Wenn Sie den Mut finden, sich zu öffnen und vollkommen ehrlich über Ihre Gefühle zu der betreffenden Person zu sprechen, wirkt Ihre Offenheit möglicherweise ansteckend und Ihre Beziehung wird tiefer und befriedigender als zuvor.

Es kann allerdings auch riskant sein, offen über Gefühle zu sprechen. Wenn die andere Person nicht bereit oder in der Lage ist, mit diesen Gefühlen umzugehen, kann das für Sie beide unerfreulich werden. In manchen Beziehungen kann es besser sein, erst nur der anderen Person zuzuhören.

Kapitel 7
Laden Sie die betreffende Person ein, ihre Meinung zu sagen

Wenn Sie einer Person näherkommen wollen, machen Sie ihr zu Anfang doch ein Geschenk: ein offenes Ohr. Es kann einen Durchbruch bedeuten, wenn die betreffende Person die Gelegenheit erhält, auszusprechen, was sie bisher nicht sagen konnte. Wenn wir uns gegen den Standpunkt der anderen Person wehren, kann das daran liegen, dass wir selbst nicht in der Lage sind, unsere Gedanken und Gefühle ihr gegenüber zu äußern. Da es den meisten von uns leichter fällt, etwas Positives zu sagen, bleibt Negatives meist unausgesprochen. Ist es der anderen Person möglich, Ihnen ihre negativen Gefühle direkt mitzuteilen, muss sie sie nicht mehr auf passive Weise zum Ausdruck bringen, und ihr Bedürfnis, Sie auf Abstand zu halten, wird weniger werden oder vielleicht ganz verschwinden.

Vielen Menschen fällt es schwer, Ärger oder Wut zu äußern – so wie Inger im folgenden Beispiel:

Wenn ein Freund ohne einen für mich akzeptablen Grund zu spät zu einer Verabredung kommt, ärgert mich das. Wenn es häufiger vorkommt, stauen sich manchmal negative Gefühle bei mir auf und ich verliere die Lust, mich mit dieser Person zu verabreden. Meist versuche ich, meinen

Ärger als Bitte zu formulieren: „Für mich ist es wichtig, mich darauf verlassen zu können, dass du pünktlich zur vereinbarten Zeist da bist." Aber hin und wieder schiebe ich meine Ansage so lange hinaus, dass die Beziehung Schaden nimmt.
Inger, 56 Jahre

Manche Menschen gehen dagegen in eine ganz andere Falle. Sie verlieren schnell die Geduld und werden laut. Wenn die Person, zu der Sie in Kontakt treten möchten, sich schnell aufregt und Sie bei früheren Gelegenheiten schon auf unangenehme Weise attackiert hat, ist es besser, sie nicht noch zu ermutigen, ihren Ärger an Ihnen auszulassen. Das Vorgehen, jemanden zu bitten, Negatives zu äußern, ist nur dann empfehlenswert und relevant, wenn Sie glauben, dass in der betreffenden Person negative Gefühle und unerfüllte Bedürfnisse gären, über die sie bisher nie gesprochen hat.

Der Nebel, den Sie in der Abbildung auf der nächsten Seite sehen, entsteht durch unausgesprochene Gedanken und Gefühle. Er führt dazu, dass Sie einander kaum erkennen können. Sie können diesen Nebel auflösen, indem Sie die andere Person einladen, zu sagen, was sie denkt.

1. Es hat mich verletzt, als du …
2. Es langweilt mich, wenn du …
3. Unsere Beziehung bedrückt mich, wenn du …
4. Ich fühle mich schlecht, wenn du …
5. Es ärgert mich, wenn du …
6. Ich vermisse, dass du …
7. Ich fände es gut, wenn du …

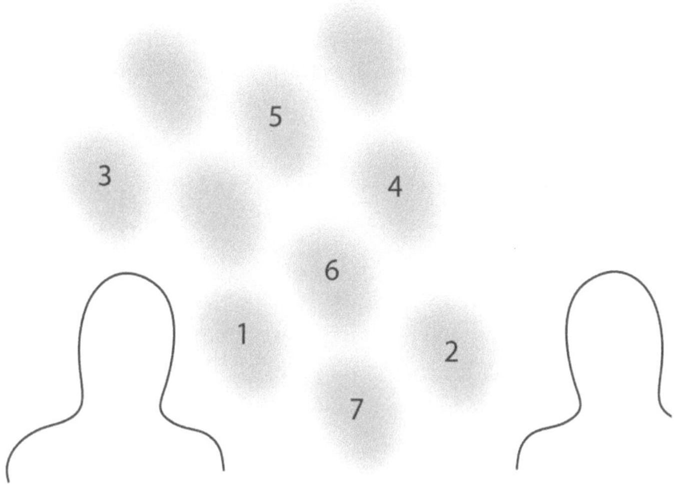

Wenn Sie dazu bereit sind, dass alles auf den Tisch kommt, was die andere Person bisher nicht zu sagen in der Lage war, kann das zu einem Durchbruch führen. Weil wir zu lange den Mund halten, lassen wir unsere Beziehung dahinwelken wie eine Blume, die lange Zeit zu wenig Wasser bekommen hat. Alles, was wir nicht aussprechen, schafft eine Distanz zwischen uns und äußert sich beispielsweise als passive Wut. Die wiederum erstickt dann jegliches Bedürfnis, auf die Person zuzugehen, mit der wir nicht offen geredet haben.

Zugeständnisse machen

Um den Nebel zwischen sich und der anderen Person aufzulösen, sollten Sie ihr etwas schenken, über das sie sich freut – beispielsweise ein Zugeständnis. Wenn Sie sie gleichzeitig ermutigen, ihre Wut, Trauer oder Frustration zu äußern, stehen die Chancen gut, dass sie zu einer Annäherung bereit ist.

Die Zugeständnisse und Ermutigungen könnten beispielsweise wie folgt lauten:

- Ich weiß, es ist nicht immer leicht, mit mir zu leben.
- Ich weiß, dass du traurig warst, als ich ohne dich ausgegangen bin, und ich verstehe das.
- Es muss schwer für dich gewesen sein, als ich meinen neuen Job angefangen habe und lange Zeit immer zu müde war, um wirklich für dich da zu sein.
- Manchmal habe ich das Gefühl, ziemlich mürrisch und distanziert zu wirken – empfindest du das auch so?

Indem Sie Vermutungen darüber äußern, was für die andere Person vielleicht schwer gewesen sein könnte, legitimieren Sie ihre negativen Gefühle, und das kann ermutigend wirken, auch über schwierige Dinge zu sprechen. Manchmal reicht das schon aus und diejenige möchte darüber reden, wie schwer es tatsächlich ist.

Es ist wichtig, dass Sie dem Bericht der anderen Seite zuhören und nicht der Versuchung erliegen, sich zu erklären und zu verteidigen, auch wenn vielleicht Ihr Selbstbild verletzt wird. Wenn Sie sich verteidigen oder rechtfertigen, kann das leicht so wirken, als seien die Gefühle der anderen Person falsch.

Schenken Sie ihr Aufmerksamkeit und lassen Sie sie über ihre Gefühle reden, ohne sie dabei zu unterbrechen. Beim Zuhören müssen Sie nicht viel sagen, außer vielleicht, wenn das Gespräch ins Stocken gerät. In diesem Fall könnten Sie Fragen stellen und Ihrem Gegenüber auf diese Weise helfen, sich mitzuteilen. Eine Aufforderung wie beispielsweise „Erzähl mir mehr darüber“ kann durchaus mehrmals wiederholt werden. Sie werden bemerken, wie der Abstand zwischen Ihnen immer kleiner wird und in die Augen der anderen Person immer mehr Leben kommt. Hier einige Beispiele, wie man ein Gespräch eröffnen kann.

Beispiel 1

- ✧ Jane: *Da ist etwas, worüber ich gern mit dir sprechen würde.*
  Sören schaut sie mit einem Gesichtsausdruck an, als hätte sie ihn gebeten, eine volle Windel zu wechseln.
- ✧ Jane: *Ich weiß, es ist nicht immer leicht, mit mir zu leben.*
  Sörens Stirnrunzeln verschwindet und er guckt interessierter.
- ✧ Jane: *Erzähl mir, was schwer für dich ist.*
  Sören sieht aus, als würde er nach Worten suchen.
- ✧ Jane: *Vielleicht wünschst du dir, dass ich komme und dir beim Fußballspielen zugucke.*
- ✧ Sören: *Ich weiß, dass du das nicht willst.*
- ✧ Jana: *Ich denke auch manchmal, dass es anstrengend für dich sein muss, wenn ich einen meiner schlechten Tage habe.*
  Sören legt sein iPad weg.

Jane äußert die Vermutung, dass es für Sören manchmal schwer ist. Dabei ist es nicht so wichtig, ob sie richtig vermutet. Wichtig ist, dass sie Sören ihre Bereitschaft signalisiert, ihm zuzuhören, auch wenn er über negative Gefühle spricht.

Beispiel 2

- ✧ Mutter: *Ich weiß, es kann schwer sein, mich zur Mutter zu haben.*

Die Tochter horcht auf.

✧ Mutter: *Ich weiß, du magst es nicht, wenn ich dich nach der Schule frage.*

✧ Tochter: *Da hast du recht.*

✧ Mutter: *Und es gibt wahrscheinlich noch mehr, was dich nervt.*

Die Tochter sieht aus, als wollte sie etwas sagen, kann es aber nicht rausbringen.

✧ Mutter: *Du musst keine Angst haben, irgendetwas zu sagen, das mich traurig machen könnte. Wenn es so wäre, könnte dein Vater mich trösten. Ich würde mich freuen, wenn du mir sagen würdest, wann du es besonders schwer findest, mich zur Mutter zu haben.*

Die Tochter schweigt, ist aber offensichtlich interessiert.

✧ Mutter: *Es muss nicht jetzt sein – du kannst darüber nachdenken und irgendwann zu mir kommen. Ich würde gerne wissen, wie du die Dinge siehst.*

Hätte die Mutter das Gespräch damit begonnen, wie schwer sie es hat, wie viel sie zu tun hat etc., hätte sie damit alles verdorben. Darüber kann sie vielleicht später sprechen, aber hier und jetzt würde es den Prozess des Gesprächsbeginns kaputt machen. Es kann schwer sein, die Darstellung von jemand anderem anzuhören, die vielleicht Dinge enthält, die das eigene Selbstbild verletzen. Aber in diesem Öffnungsprozess ist es wichtig, dass Sie das durchhalten.

Beispiel 3 (schriftliche Nachfrage)

Lieber Henrik,
ich habe viel darüber nachgedacht, warum du keinen Kontakt mehr mit mir haben willst. Es würde mir viel bedeuten, wenn du mir erzählen würdest, warum es so schwer für

dich war, mich zur Mutter zu haben. Wenn ich zurückblicke, sehe ich ein, dass ich dich unter anderem vielleicht zu sehr bedrängt habe, wenn ich wissen wollte, wo du hingehst.
Es tut mir leid, dass ich nicht in der Lage war, dir mehr Freiraum zu lassen. Du hast mich oft gebeten, mich rauszuhalten, aber ich hab dir nicht wirklich zugehört. Ich wollte, ich könnte die Zeit zurückdrehen. Vielleicht gibt es ja auch einen anderen Grund, weshalb du keinen Kontakt möchtest. Ich würde wirklich gern erfahren, woran es liegt.
Alles Liebe, deine Mutter

Die Mutter stellt Vermutungen darüber an, warum Henrik keinen Kontakt zu ihr will. Mit dem Satz: „Vielleicht gibt es ja auch einen anderen Grund" zeigt sie ihre Offenheit für die Möglichkeit, falsch zu liegen und korrigiert zu werden.

Beispiel 4 (schriftliche Nachfrage)
Liebe Gerda,
ich verstehe deinen Ärger darüber, dass ich unsere Verabredung so kurzfristig abgesagt habe. Du hast dich wahrscheinlich darauf gefreut. Kann ich es irgendwie wiedergutmachen? Du fehlst mir.
Alles Liebe, Eva

Beachten Sie, dass Eva es unterlassen hat, zu erklären oder sich zu rechtfertigen. Natürlich wird es einen Grund dafür gegeben haben, warum sie das Treffen abgesagt hat, und natürlich möchte sie es erklären, aber sie lässt es sein, weil sie weiß, dass Erklärungen in einem Öffnungsprozess eher hinderlich sind.

Wenn die andere Person Sie nicht verletzen will

Wenn jemand beschließt, den Kontakt zu Ihnen abzubrechen oder zu reduzieren, statt Sie damit zu konfrontieren, was falsch gelaufen ist, kann das viele Gründe haben. Vielleicht fürchtet die betreffende Person, Sie zu verletzen. Wenn Sie die Wahrheit hören wollen, auch wenn sie wehtun könnte, sollten Sie das klar sagen. Beispielsweise so: „Ich würde wirklich gern wissen, wie du zu mir stehst. Du brauchst keine Angst zu haben, mich damit zu verletzen. Ich möchte lieber eine unangenehme Wahrheit hören, als nicht zu wissen, was los ist, und mir vielleicht Dinge vorzustellen, die schlimmer sind als die Realität."

Bevor Sie die andere Person darum bitten, sollten Sie ganz sicher sein, dass Sie sich die negativen Gefühle von ihr wirklich anhören wollen. Sie können das im Vorfeld testen. Schreiben Sie beispielsweise einen Brief im Namen der Betreffenden an sich selbst. Bringen Sie Ihre schlimmsten Phantasien aufs Papier. Wenn Sie den Brief lesen, versuchen Sie, den Drang nach Erklärungen und Verteidigung im Zaum zu halten. Hier geht es ums Zuhören und darum, der anderen Person Raum zu geben und ihr vielleicht zum Schluss noch zu sagen: „Ich hoffe, es hat dir gutgetan, dir das von der Seele zu reden."

Karen schrieb einen ablehnenden Brief im Namen ihrer Tochter Lone an sich selbst:

Hallo Mama,
ich hatte eine schlimme Kindheit.
Du hast immer nur an die Nachbarn und an dich gedacht.
Lone

Das würde Lone in Karens schlimmster Phantasie schreiben und darauf versuchte sie, sich einzustellen. Zuerst wurde sie wütend und fand es unfair. Sie merkte, dass es ihr schwerfallen würde, konstruktiv mit einer solchen Situation umzugehen. Sie vereinbarte deshalb einige Stunden bei einer Psychotherapeutin, in denen sie übte, mit den möglicherweise negativen Gefühlen ihrer Tochter umzugehen und dabei gleichzeitig ihr Ziel im Auge zu behalten: „Ich möchte unter allen Umständen wieder Kontakt zu meiner Tochter."

Wenn Sie nicht sicher sind, ob Sie damit umgehen können, sich die negativen Gefühle eines Menschen anzuhören, die er Ihnen gegenüber hegt, sollten Sie mit jemandem darüber sprechen. Falls Sie zwar meinen, die Wahrheit wissen zu wollen, aber tief im Innern gar nicht dafür bereit sind, werden Ihre Körpersprache, Ihr Ton und das Unausgesprochene zwischen den Zeilen Sie verraten. Bereiten Sie sich lieber zu gründlich darauf vor als zu wenig. Wenn Ihr Kontaktversuch scheitert, kann es lange dauern, bis Sie eine neue Chance bekommen.

Sind Sie eine freundliche, fröhliche und liebevolle Person, immer darauf bedacht, ein guter Vater, Freund oder Partner, eine gute Mutter, Freundin oder Partnerin zu sein - dann sollten Sie besonders aufmerksam sein. Es ist schwer, einem so netten, liebenswürdigen Menschen etwas Negatives zu sagen. Wenn sich also jemand mehr und mehr von Ihnen distanziert, kann das daran liegen, dass die Betreffende nicht imstande ist, ihren Ärger oder ihre Enttäuschung zum Ausdruck zu bringen, ohne sich dabei als schlechter Mensch zu fühlen. Sie zieht es deswegen vielleicht vor, die Karten nicht auf den Tisch zu legen und sich stattdessen von Ihnen zurückzuziehen.

Wenn Sie glauben, das könnte der Fall sein, machen Sie deutlich, dass Sie es verkraften können, negative Dinge zu hören. Hier folgen ein paar Beispiele, wie Sie Ihre Offenheit gegenüber negativen Gefühlen zeigen können. Beachten Sie, wie die Mutter, der Vater und der Ehemann ihre Mutmaßungen ins Negative übertreiben und starke Worte wie „schrecklich", „hassen" und „der weltgrößte Idiot" verwenden.

Beispiel 1

✧ Mutter: *Ich weiß, dass ich manchmal eine schreckliche Mutter war.*

✧ Sohn: *Schrecklich würde ich nicht sagen, aber manchmal war ich schon ziemlich genervt von dir.*

✧ Mutter: *Ja, sicher. Magst du mir mehr darüber erzählen?*

Hätte die Mutter weniger starke Worte gewählt, beispielsweise „Ich habe dich vielleicht ab und zu ein bisschen genervt", wäre es dem Sohn viel schwerer gefallen, zu sagen, dass er manchmal „ziemlich genervt" von ihr war.

Beispiel 2

✧ Vater: *Ich weiß, es ist ganz normal, dass Kinder ihre Eltern gleichzeitig lieben und hassen. Ich kann verstehen, dass du mich manchmal gehasst hast.*

✧ Sohn: *Ich hab dich nie gehasst, aber manchmal war ich ganz schön wütend auf dich.*

✧ Vater: *Erzähl mir, wie wütend du warst und wie es dir damit ging.*

Wenn der Vater nicht gewagt hätte, das Wort „hassen" zu benutzen, hätte der Sohn vielleicht sich nicht getraut, ehrlich auszudrücken, dass er manchmal sehr wütend auf ihn war.

Beispiel 3

- ✧ Ehemann: *Ich weiß, dass du manchmal denkst, ich wäre der größte Idiot der Welt.*
- ✧ Ehefrau: *Kann sein, aber nicht der weltgrößte!* (sie lacht)

Diese Dialoge zeigen, wie man durch die Verwendung starker Worte einen Gesprächsrahmen schaffen kann, in dem es möglich ist, über negative Gefühle zu reden. Und dann kann ein ehrliches Gespräch die Distanz überwinden und den Weg für ein höheres Maß an Nähe und Verständnis frei machen.

Wenn Sie ebenfalls Ihre Meinung äußern wollen

Nachdem die andere Person sich ausgesprochen hat, haben Sie vermutlich das Bedürfnis, sich ebenfalls zu äußern. Im besten Fall ist die Person nun auch willens und imstande, Ihnen zuzuhören. Sicher ist das allerdings nicht. Wenn Sie nicht genau wissen, ob Ihr Gegenüber bereit ist, Ihnen zuzuhören, wäre es vielleicht besser, mit anderen über Ihre Gedanken und Gefühle zu sprechen, bis die Beziehung ausreichend stabilisiert ist und Sie neue gemeinsame, positive Erfahrungen gemacht haben.

Es ist nicht gewiss, ob die andere Person sich jemals in der Lage fühlen wird, Ihnen zuzuhören, wenn Sie über Ihre verletzten Gefühle reden wollen. Wenn es sich dabei um Ihr erwachsenes Kind handelt, können Sie wahrscheinlich damit leben. Als Eltern sind wir es gewohnt, unseren Kindern zuzuhören und ihnen zu helfen – und es macht uns froh, sie auf diese Weise zu unterstützen. Eigentlich wollen wir die Kinder nicht mit unseren eigenen Problemen belasten, auch nicht, wenn sie schon erwachsen sind. Ist die andere Person nicht Ihr Kind, fällt es schwerer, mit dem Ungleichgewicht umzugehen, das entsteht, wenn nur eine Seite die Möglichkeit hat, sich auszusprechen. Aber möglicherweise ist Ihr Interesse an der Person groß genug, um mit der mangelnden Gegenseitigkeit zurechtzukommen.

> *Wenn ich Hans Peter gegenüber erwähne, wie schwer es für mich war, als er beschlossen hatte, dass wir uns einige Zeit nicht sehen sollten, dann nervt ihn das einfach. Meistens sagt er, wie schwierig ich seiner Meinung nach in der Zeit vor seinem Entschluss gewesen sei. Wir geraten dann schnell in Streit und es kann eine Weile dauern, bis wir uns wieder vertragen.*
> *Inzwischen habe ich es aufgegeben, da auf sein Verständnis zu hoffen. Stattdessen rede ich mit einer Freundin. Und genieße die positiven Dinge, die Hans Peter und ich gemeinsam haben.*
> Anne Grete, 38 Jahre

Es ist gut, dass Anne Grete ihrer Freundin, von der sie sich gesehen und gehört fühlt, ihr Herz ausschütten kann.

Es ist nicht immer für beide Seiten möglich, sich auszusprechen

Vielleicht entscheiden Sie, der anderen Person Raum zu geben, ihre Meinung zu sagen. Aber damit steht noch lange nicht fest, dass diese Ihnen denselben Gefallen tut. Manche Menschen können nicht damit umgehen, mit negativen Gefühlen in Verbindung gebracht zu werden.

Wenn ich über etwas spreche, das mich traurig macht, ist meine Freundin sehr verständnisvoll. Aber wenn ich traurig über etwas bin, das mit ihr zu tun hat, zum Beispiel, dass sie manchmal andere mir vorzieht, wird sie schnippisch und scheint es mir übelzunehmen.
Emma, 24 Jahre

Vielleicht ist diese Ansicht für Emmas Freundin ein wunder Punkt, vielleicht ein Kindheitstrauma. Beispielsweise könnte in ihrer Kindheit die Mutter darüber bestimmt haben, mit wem ihre Tochter befreundet sein darf und mit wem nicht, und nun fühlt es sich für sie so an, als wollte Emma das auch für sie bestimmen. Sie hat also außer ihrem Ärger auf Emma auch unbewältigte Gefühle aus der Vergangenheit, die sie besonders heftig reagieren lassen. Es kann aber auch sein, dass Emmas Freundin nicht über genug Empathie verfügt und sich deshalb einfach nur kritisiert fühlt und verärgert reagiert.

Vielleicht haben Sie, wie Emma, schon erlebt, wie die Kommunikation plötzlich seltsam frostig wurde, wenn Sie darüber reden, wie verletzend etwas für Sie war, das eine Freundin gesagt oder getan hat. So eine negative Reaktion ist nicht angenehm, wenn Sic über etwas Schwieriges sprechen möchten. Aber wenn Ihnen die Beziehung wichtig genug ist, können Sie sich auch dafür entscheiden, sich zukünftig auf die guten Erfahrungen mit der Betreffenden zu fokussieren. Wenn Sie eine schöne Zeit zusammen haben, wird die verletzende Episode mit der Zeit an Bedeutung verlieren.

Bevor Sie die Hoffnung aufgeben, sich der anderen Person gegenüber aussprechen zu können, lohnt es sich zu prüfen, ob vielleicht irgendetwas an Ihrer Art zu kommunizieren dazu beiträgt, dass diejenige „dichtmacht". Könnte etwas in Ihrem Tonfall oder Gesichtsausdruck vorwurfsvoll wirken? Auch wenn wir die richtigen Worte sagen und nach Möglichkeit den Ball flach halten, können Körpersprache, Mimik und Tonfall signalisieren, dass wir tief im Innern eigentlich finden, dass die andere Person im Unrecht ist. Wenn Sie sich nicht sicher sind, fragen Sie eine dritte Person. Sie können das Gespräch auch aufzeichnen, was nicht schwierig ist, wenn es per Telefon stattfindet. Danach können Sie sich selbst aufmerksam zuhören und vielleicht feststellen, dass Sie auf eine unkluge Art und Weise kommunizieren.

Wenn Sie es aufgeben, sich der anderen Person gegenüber aussprechen zu dürfen, sollte diese Kapitulation nur eine vorübergehende sein. Die meisten von uns werden im Lauf der Jahre milder und nachgiebiger. Was heute nicht geht, ist vielleicht in ein paar Jahren möglich.

Übung

Üben Sie, die andere Person zur Äußerung ihrer negativen Gefühle einzuladen. Sagen Sie beispielsweise:

- Ich verstehe, dass du genervt von mir warst, als ich …
- Du warst sicher traurig, als ich …
- Es gibt Leute, die mir gesagt haben, ich sei zu dominant/zu langweilig/höre nie richtig zu. Was meinst du dazu?
- Ich weiß, ich kann ziemlich schwierig sein.
- Du hättest wahrscheinlich gern gehabt, wenn ich …

Schreiben Sie im Namen der anderen Person einen bösen Brief an sich selbst. Wie fühlt es sich an, ihn zu lesen? Fühlen Sie sich in der Lage, sich die negativen Gefühle der anderen Person anzuhören, ohne die Beherrschung zu verlieren, defensiv oder unkonzentriert zu werden? Wenn nicht, ist es gut, noch etwas mehr an Ihren Fähigkeiten im Umgang mit den negativen Gefühlen Ihres Gegenübers zu arbeiten, bevor Sie Kontakt aufnehmen. Vielleicht sollten Sie mit jemandem darüber reden – entweder einem Freund oder einer Fachkraft.

Zusammenfassung Kapitel 7: Laden Sie die betreffende Person ein, ihre Meinung zu sagen

Wenn Sie auf eine Person zugehen wollen, die sich von Ihnen distanziert hat, können Sie Nähe herstellen, indem Sie die Ohren spitzen und zuhören. Sie können die andere Person auf viele Arten dabei unterstützen, den Mut zu finden, auch negative Dinge auszusprechen.
Es kann für beide Seiten sehr entlastend sein, sich auszusprechen, aber nicht immer ist es möglich.

Kapitel 8
Etwas Gutes bekommen, auch wenn die andere Person nicht viel zu geben hat

Einen Menschen in Ihrem Leben zu behalten, auch wenn er Ihnen wenig zu geben hat, stattdessen aber ein großes Bedürfnis, etwas zu bekommen, kann dennoch etwas sehr Schönes sein. Das größte Glück liegt nicht darin, geliebt zu werden. Das größte Glück ist, zu lieben und für jemanden da zu sein, der uns braucht. Es gibt also gute Gründe dafür, eine Beziehung auch dann aufrechtzuerhalten, wenn Sie mehr geben, als Sie zurückbekommen. Sie haben vielleicht eine gemeinsame Geschichte, die Ihrer Beziehung eine besondere Bedeutung gibt. Vielleicht haben Sie die andere Person so ins Herz geschlossen, dass die Beziehung auch dann einen Sinn für Sie hat, wenn Sie im Ungleichgewicht ist.

Jeder Mensch muss selbst entscheiden, in welcher Art von Beziehung er sich wohlfühlt. Aber wenn Sie sich um jemanden sorgen und kümmern, ohne dasselbe zurückzubekommen, muss es andere geben, die für Sie da sind und Ihnen geben, was Sie brauchen – sonst kann das nicht lange gutgehen.

Helfen Sie der anderen Person, Ihnen zu helfen

Manche Menschen haben kein gutes Einfühlungsvermögen und es fällt ihnen schwer, zu bemerken oder herauszufinden, was ihre Freunde oder Familienmitglieder brauchen. Vielleicht haben Sie schon erlebt, dass ein Freund oder nahestehender Mensch nicht auf Signale von Ihnen reagiert, wenn Sie etwas von ihm wollen. Und wenn Sie mit der betreffenden Person darüber reden wollen, sind Sie danach frustriert und verwirrt über deren scheinbaren Unwillen zur Mitwirkung. Dann kann es manchmal helfen, sehr spezifische Anweisungen zu geben, wie die folgenden drei Beispiele zeigen.

Beispiel 1

Hannes erwachsene Tochter war wütend auf Hanne und sehr unzufrieden bezüglich ihrer Kindheit. Hanne war sich vollkommen im Klaren darüber, dass sie sehr unreif gewesen war und es viele Situationen gab, in denen sie als Mutter kontraproduktiv gehandelt hatte. Speziell über einige ganz bestimmte Episoden war Henne besonders traurig und beschämt. Sie hatte sich bereits bei ihrer Tochter dafür entschuldigt und ihr erklärt, dass das damals sehr dumm von ihr war. Aber die Tochter blieb wütend und Hanne peinigten Schuld und schlechtes Gewissen. Mutter und Tochter sahen sich ab und zu und unternahmen auch Dinge miteinander, aber Hanne litt unter der frostigen Distanz, die sie in den Augen ihrer Tochter sah. Wenn sie mit ihr darüber reden wollte, war das Gespräch meist kurz angebunden. Die Tochter wollte eindeutig nicht darüber sprechen.

Beispiel 2

Als Ulrik ein Kind war, hatte seine Mutter ein Alkoholproblem. Sie hatte nicht viel zu geben, aber Ulrik erinnerte sich an ein paar besondere Momente, die sie zusammen hatten – und sehnte sich ständig danach, ihr wieder so nahe zu sein wie damals. Aber seine Annäherungsversuche gingen nicht gut aus. Sobald er seine Kindheit erwähnte, fing seine Mutter an, sich zu rechtfertigen und zu verteidigen. Ihr Redeschwall war nicht zu stoppen und Ulrik gelang es nicht, ein Wort von dem, was er ihr sagen wollte, dazwischenzuwerfen. Die Mutter hörte und sah nichts außer sich selbst.

Ganz offensichtlich hatte Ulriks Mutter ein schlechtes Gewissen, mit dem sie nicht umgehen konnte, und aus diesem Grund versuchte sie, sich herauszureden. Genauso war es gewesen, als Ulrik ein Kind war. Als Teenager hatte er versucht, seine Mutter vom Trinken abzuhalten, und sie – im Vollrausch – hatte ihm erklärt, sie trinke, weil er so ein schwieriges Kind sei. Auch wenn die Mutter das nur ein einziges Mal gesagt hatte, war diese Aussage tief in Ulriks System verankert und ein Teil seines Minderwertigkeitskomplexes. Er hatte das zwar als Erwachsener in einer Therapie bearbeitet, aber ein wenig davon war geblieben.

Beispiel 3

Mettes Sohn will seine Mutter nicht sehen. Nach einem Streit in seinen späten Teenagerjahren hatte er jeden Kontakt zu ihr abgebrochen. Anfangs hatte sie das als typisches Verhalten eines Pubertierenden hingenommen und geglaubt, er werde es sich eines Tages anders überlegen und zurückkommen. Inzwischen aber wuchs ihre Besorgnis. Auf jede erdenkliche Weise hatte sie versucht, mit ihm zu reden – aber vergeblich. Sie hatte bereits seit einigen Jahren nicht mehr mit dem Sohn gesprochen und war kurz davor, die Hoffnung aufzugeben, ihm jemals wieder eine Mutter sein zu dürfen.

Ich schlug Hanne, Ulrik und Mette vor, intensiv an ihrem Problem zu arbeiten, indem sie einen Brief im Namen der oder des jeweiligen Angehörigen schrieben, zu der oder zu dem sie enger in Kontakt kommen wollten. Die Anleitung zum Schreiben eines solchen Briefes finden Sie in Kapitel 2. Anschließend galt es herauszufinden, welches Statement sie am liebsten von der betreffenden Person hören wollten, mit dem sie sich gut fühlen würden. Sobald sie das richtige Statement ausgewählt hatten, sollten sie einen passenden Moment finden, in dem die Atmosphäre gut und entspannt wäre. Sie sollten an den guten Willen der betreffenden Person appellieren und möglichst alles zu sagen vermeiden, wodurch sich diese schuldig oder falsch verstanden fühlen könnte.

Im Folgenden können Sie lesen, welches jeweilige Statement gefunden wurde und wie es funktionierte. Wir sehen sie uns eins nach dem anderen an.

Hanne aus dem ersten Beispiel war auf das folgende Statement gekommen, welches sie gern von ihrer Tochter hören wollte: „Mutter, ich glaube, du hast dein Bestes getan."

Nach einigen gescheiterten Versuchen gelang es ihr mit folgenden Worten, mit ihr ins Gespräch zu kommen: „Sofie, auch wenn es viele Dinge gegeben hat, die ich in deiner Kindheit falsch gemacht habe, weiß ich doch, dass du mir heute nur das Beste wünschst." Und nach einer Pause: „Es gibt etwas, das du für mich tun könntest und das mein Leben schöner machen würde. Wenn du mir sagen könntest, dass du glaubst, ich habe mein Bestes getan, dann würde ich mich besser fühlen." Zuerst kam keine Antwort von Sofie, aber nach ein paar Tagen antwortete sie mit den ersehnten Worten – zwar zögernd und ohne Blickkontakt, aber Hanne konnte aus ihrem Tonfall heraushören, dass Sofie bewegt war und es wirklich so meinte. Hanne weinte vor Erleichterung. Es war eine große Befreiung für sie.

Ulrik fand folgendes Statement, das er gern von seiner Mutter hören wollte: „Ulrik, du warst kein schwieriges Kind. Du warst ein hilfsbereites Kind."

Ihm war klar, dass er auf keinen Fall Schuldgefühle bei seiner Mutter hervorrufen durfte. Schließlich hatte er mit dieser Formulierung Erfolg:

„Mutter, hat sich, als ich ein Kind war, jemals jemand über mein schlechtes Benehmen beschwert?" Die Mutter konnte, ohne zu zögern, das verneinen. Ulrik fuhr fort: „Als du mir gesagt hast, ich sei ein schwieriges Kind, war das also wahrscheinlich falsch." An dieser Stelle wäre es fast schiefgegangen, denn seine Mutter erhob die Stimme und stritt ab, jemals so etwas gesagt zu haben.

Ulrik blieb ruhig und fuhr fort. „Dann muss ich mich wohl verhört haben." Nachdem die Mutter sich beruhigt hatte, versuchte er es nochmals: „Mutter, ich weiß, dir ist es wichtig, dass es mir gut geht." Sie stimmte zu und Ulrik sprach weiter: „Es gibt etwas, das ich gern von dir hören würde. Wenn du es tust, wird es mir besser gehen." Da seine Mutter bereitwillig zuzuhören schien, trug er ihr sein Statement vor. Es fiel ihr schwer, den ersten Teil zu sagen, aber den zweiten Teil wiederholte sie mehrmals: „Ulrik, du warst ein hilfsbereites Kind. Das warst du, ich erinnere mich genau. Du warst ein hilfsbereites Kind."

Ulrik ging mit dem schönen Gefühl aus diesem Gespräch, einen verwahrlosten Garten hergerichtet zu haben.

Mette kam zu dem Schluss, dass es ein realistisches Ziel wäre, wenn ihr Sohn Rasmus ihr ein paarmal im Jahr eine E-Mail mit dem aktuellen Stand der Dinge in seinem Leben schreiben würde. Sie hoffte, er werde ihr diesen Gefallen tun, wenn er es im Moment auch nicht ertragen konnte, mit ihr im selben Raum zu sein. Sie stellte sich vor, dass sie sich dann immerhin wie ein kleiner Bestandteil seines Lebens fühlen würde, auch wenn sie sich nicht sahen. Außerdem hätte sie dann etwas zu erzählen, wenn andere sie nach ihrem Sohn fragten, und müsste nicht jedes Mal gestehen, keinen Kontakt zu ihrem Kind zu haben, was sie als schmerzlich und beschämend empfand.

Rasmus war einverstanden, seiner Mutter diesen Gefallen zu tun, und obwohl seine Status-E-Mail immer sehr sachlich formuliert war und kaum Gefühle preisgab, fand Mette doch, dies sei besser als gar nichts.

Natürlich wäre es Hanne, Ulrik und Mette lieber gewesen, ihre Angehörigen hätten von sich aus die erlösenden Worte gesagt oder eine E-Mail geschickt. Aber wenn das nicht möglich ist, kann diese Art von geplantem Austausch, in dem man dem anderen die Worte sozusagen in den Mund legt oder auf andere Weise klare Anweisungen gibt, besser sein als nichts.

Die meisten Menschen möchten, dass es ihren Familienmitgliedern oder engen Freunden gut geht. Manche brauchen allerdings ein wenig Hilfe, bevor es ihnen möglich ist, die richtigen Dinge zu sagen. Bei manchen kann es nötig sein, ihre Schuldgefühle zu besänftigen, sodass das Ganze nicht in einer langen Verteidigungsrede endet, die den letzten Rest von Leben aus der Beziehung quetscht.

Wenn Sie aber von jemand, der Ihnen nahesteht, kein gutes Statement oder keine „Statusmeldung“ bekommen, dann geht es auch ohne das. Vielleicht übernimmt es jemand anders anstelle der betreffenden Person. Vielleicht finden Sie auch Hilfe bei einer Psychotherapeutin. Am besten wäre jedoch, wenn irgend möglich, die zustimmende Reaktion des Familienmitglieds oder engen Freundes, mit dem Sie das Problem haben. Wenn es heute noch nicht möglich ist, dann vielleicht irgendwann in der Zukunft. Die meisten von uns werden mit dem Alter freundlicher und nachgiebiger.

Übung

Denken Sie darüber nach, welche spezielle Aussage Sie von der anderen Person hören möchten. Versuchen Sie einzuschätzen, ob es eine gute Idee wäre, die betreffende Person zu bitten, dieses Statement für Sie auszusprechen.

Zusammenfassung Kapitel 8: Etwas Gutes bekommen, auch wenn die andere Person nicht viel zu geben hat

Manche Menschen haben nicht viel zu geben. Es kann dennoch Gründe geben, den Kontakt zu ihnen aufrechtzuerhalten, besonders wenn es nahe Familienmitglieder sind. Wenn Sie akzeptieren, wie wenig die betreffende Person zu geben hat, und aufhören, um etwas zu kämpfen, das sie gar nicht zu geben imstande ist, kann diese Beziehung dennoch lohnend sein – auf die ein oder andere Art auch für Sie.

Kapitel 9
Versteckten Ursachen auf den Grund gehen

Wenn Sie verlassen wurden, kann das schmerzhaft sein, besonders wenn Sie keine ehrliche Antwort auf die Frage bekommen haben, was die andere Person dazu bewogen hat. Vielleicht denken Sie, dass die Betreffende wütend auf Sie ist. Typischerweise ist das das Erste, was uns einfällt, wenn wir uns zurückgewiesen fühlen. Häufig ist Wut ein Grund, warum wir uns von jemandem distanzieren. Aber es gibt auch andere Gründe.

Verschiedene Gründe, weshalb die andere Person sich zurückgezogen haben könnte

Wenn Sie keine klare Auskunft erhalten haben, liegt das möglicherweise daran, dass die andere Person sich für ihre Beweggründe schämt. Wahrscheinlich fällt es ihr schwer, deutlich zu sagen, warum sie sich in Ihrer Gesellschaft nicht mehr wohlfühlt. Sie können ihr helfen, indem Sie Vermutungen äußern. In der Auflistung finden Sie eine Reihe möglicher Gründe, die Sie in Betracht ziehen können. Diese Stichworte werden in den folgenden vier Abschnitten ausführlicher behandelt.

1. Die andere Person hat sich verändert und hat neue Freunde
2. Die Gründe haben wenig mit Ihnen zu tun
3. Die andere Person findet, dass hauptsächlich Sie von der Beziehung profitieren
4. Die andere Person ist neidisch auf Sie

1. Die andere Person hat sich verändert und hat neue Freunde

Eine Beziehung kann sich abkühlen, auch ohne dass negative Gefühle im Spiel sein müssen. Vielleicht hat die Person, der Sie sich so nahe fühlten, neue Interessen und neue Freunde, mit denen sie nun mehr gemeinsam hat. Das ist oft ganz unbegreiflich für die verlassene Person, die sich nicht im selben Maß verändert hat und sich einfach nur wünscht, die Beziehung möge so bleiben, wie sie immer war. Diejenige Person, die sich verändert hat, schämt sich wahrscheinlich und fürchtet, großspurig zu wirken, wenn sie beispielsweise ehrlich sagen würde: „Ich habe mich verändert. Was wir gemeinsam hatten, ist mir zu eng und zu langweilig geworden. Die Person, die ich jetzt bin, verstehst du nicht und ich will etwas anderes."

2. Der Grund hat vielleicht wenig mit Ihnen zu tun

Wir leben in einer Zeit, in der die meisten Menschen volle Terminkalender haben und deshalb konsequent Prioritäten setzen müssen, mit wem sie ihre Zeit verbringen wollen. Eine neue Bekanntschaft bedeutet häufig, dass wir für jemand anders keine Zeit mehr haben. Manchmal ist der Grund einfach der, dass das Neue aufregender ist als das Altbekannte.

3. Die andere Person findet, dass hauptsächlich Sie von der Beziehung profitieren

Es kann sein, dass Sie am meisten von dem Zusammensein haben. Die andere Person kann vielleicht besser zuhören, ist besser informiert oder auf irgendeine Weise mehr an Ihnen interessiert als Sie an ihr. Möglicherweise leistet sie einfach einen größeren Beitrag zu der Beziehung.

Wenn Sie zu dem Schluss kommen, es könnte daran liegen, dass die andere Person die Beziehung nicht angemessen ausgewogen findet, können Sie beschließen, ihr gegenüber nicht mehr initiativ zu werden. Das Ergebnis kann sein, dass die Beziehung sich auflöst, und das wird Ihnen wahrscheinlich gleichzeitig Kummer wie auch Erleichterung bringen. Wenn es Sie eine Menge Anstrengung kostet, eine Beziehung am Leben zu halten, kann es besser sein, sich selbst den Respekt zu erweisen, loszulassen und Platz für ausgeglichenere Beziehungen zu machen.

Sie haben aber noch eine andere Wahl. Ist Ihnen die Freundschaft zu der Person sehr viel wert, dann können Sie daran arbeiten, attraktiver für sie zu werden. Zum Beispiel können Sie versuchen, sich mehr für die Dinge zu interessieren, die ihr wichtig sind.

Vielleicht interessiert es Sie im Grunde Ihres Herzens kein bisschen, aber oft ist es auch so, dass eine Sache immer interessanter wird, je mehr wir darüber wissen. Es kann sein, dass Ihr Interesse wächst, wenn Sie darüber lesen oder diskutieren – und die andere Person wird es freuen. Wenn es Ihnen nicht gelingt, ehrliches Interesse für – beispielsweise – Computerspiele, Sport oder das Buch, von dem die andere Person ganz begeistert ist, aufzubringen, sind Sie vielleicht neugierig darauf, welche Bedeutung diese Dinge für die andere Person haben. Und sie wird sich wahrscheinlich freuen, wenn Sie danach fragen.

Es gibt viele Möglichkeiten, sich selbst attraktiver zu machen. Sie können beispielsweise anbieten, für das Abendessen zu sorgen, Ihr Auto für einen Ausflug zur Verfügung zu stellen, Sie können die Kinder der anderen Person hüten oder auf andere Weise behilflich sein.

Wahrscheinlich fällt es der betreffenden Person nicht leicht, Ihnen zu sagen, dass sie die Beziehung unausgewogen findet. Sie könnten das Thema von sich aus ansprechen. Beispielsweise: „Ich freue mich, dass du dir Zeit für mich genommen hast, denn ich weiß, dass es eine Menge interessanter Leute gibt, die gern mit dir zusammen sein möchten."

Wenn Sie den Eindruck haben, häufig am unteren Ende der Prioritätenliste anderer zu stehen und demzufolge als Erster rausfliegen, wenn neue Bekanntschaften auftauchen, können Sie etwas dafür tun, sich selbst zu einem attraktiveren Freund zu machen. Oft sind diejenigen Menschen attraktiv, die sich für etwas begeistern können, gute Zuhörer sind, Humor haben und ganz sie selbst sind. Nichts davon ist angeboren. Es sind alles Dinge, für die man etwas tun muss. Wenn Sie nicht gut im Zuhören sind, können Sie es lernen. Beispielsweise kann ein Kurs in aktivem Zuhören eine gute Investition sein. Sollten Sie die Erfahrung gemacht haben, dass andere finden, Sie hätten nichts Interessantes zu erzählen, versuchen Sie das zu ändern! Wechseln Sie die Arbeitsstelle, ziehen Sie um, verreisen Sie oder entwickeln Sie neue Interessen. Es gibt Kurse für Humor und für Persönlichkeitsentfaltung. Auch Therapie oder Coaching können hilfreich sein.

4. Die andere Person ist neidisch auf Sie

Wenn Sie mit etwas Erfolg haben, kann der Preis dafür sein, dass bestimmte Leute in Ihrem sozialen Umfeld Ihre Gesellschaft nicht mehr ertragen.

Neid kann eine Qual sein. Neid ist ein Zeichen des Mangels. Wenn Sie sich in Ihrem Leben nach Liebe sehnen, sie aber nicht finden, fühlt es sich vielleicht schmerzhaft an, all die glücklichen Liebesbeziehungen Ihrer Freunde mitzuerleben. Und wenn Sie im Beruf nicht vorankommen, kann es schwer sein, vom Erfolg anderer auf diesem Gebiet zu hören.

> *In den ersten Monaten, nachdem ich meine Frau verloren hatte, konnte ich es nicht ertragen, mit harmonierenden Paaren zusammen zu sein.*
> *Ein Freund war sehr besorgt und lud mich ein, ihn zu besuchen. „Du kannst einfach vorbeikommen, wenn dir danach ist", betonte er mehrmals. Ich ging nicht einmal hin. Er war ein langjähriger guter Freund und ich fand mich wirklich undankbar. Aber ich konnte mich nicht überwinden, zu ihm zu gehen. Ich schämte mich, weil ich nicht imstande war, positiv zu reagieren. Ich wünschte, ich hätte mich einfach für ihn freuen können, weil er seine Frau noch hatte.*
> Ib, 73 Jahre

Überlegen Sie, ob es bei der Arbeit Neid Ihnen gegenüber gegeben hat, als die Beziehung auseinanderging. Wenn Sie gerade befördert wurden, während die andere Person ihren Job verloren hat, oder Sie Ihr Traumhaus kauften, als die andere Person vor dem finanziellen Ruin stand, ist das sehr wahrscheinlich die Ursache für den Bruch zwischen Ihnen.

Oft schämt sich ein neidischer Mensch so sehr für seinen Neid, dass er nicht fähig ist, darüber zu sprechen. Sie können ihm helfen. Wenn Sie Verständnis dafür zeigen, dass es für die andere Person schwer ist, Zeuge Ihres Erfolgs zu sein, den sie sich selbst so sehr wünscht, und wenn Sie ihr anbieten, für eine Weile nicht mehr davon zu sprechen, könnte das eine Lösung sein. Vielleicht können Sie über andere Dinge zusammenkommen, bis Ihre neue Liebe oder die Beförderung eine alltägliche Sache geworden ist. Eine andere Art der Hilfe könnte es sein, gemeinsam zu überlegen, was die andere Person tun könnte, um das Gleiche zu erreichen wie Sie. Je mehr wir daran glauben, dass wir eines Tages dasselbe bekommen können, desto weniger Neid empfinden wir.

Übung

Überlegen Sie, ob es andere Ursachen für die Distanz zwischen Ihnen geben könnte als Wut.
Hat sich die andere Person verändert und neue Freunde gefunden?
Hat sich in Ihrem Leben etwas ereignet, das die andere Person neidisch machen könnte?
Kann es sein, dass die andere Person glaubt, mehr zu geben, als sie bekommt?

Zusammenfassung Kapitel 9: Versteckten Ursachen auf den Grund gehen

Wenn wir uns zurückgewiesen fühlen, neigen wir oft dazu, anzunehmen, dass die andere Person wütend auf uns ist. Dabei muss das gar nichts mit uns persönlich zu tun haben. Heutzutage gibt es nicht viele Menschen, die ihr Leben lang dieselben Freunde oder gleichbleibend engen Kontakt zu ihrer Familie haben. Dazu muss nicht unbedingt etwas schiefgelaufen sein.

Wenn jemand weniger gern Kontakt zu Ihnen hat als umgekehrt, fällt es der betreffenden Person wahrscheinlich schwer, das zu sagen. Wahrscheinlich schämt sie sich für ihre Gründe. Sie können ihr helfen, indem Sie Vermutungen äußern. Darüber zu reden, kann eine große Erleichterung sein – auch wenn es vielleicht damit endet, dass Sie den Kontakt zueinander verlieren.

Ein anderer Grund für den Rückzug einer Person kann sein, dass die Beziehung zu eng oder zu distanzlos geworden ist. Lesen Sie mehr darüber im folgenden Kapitel.

Kapitel 10
Lassen Sie die andere Person anders sein

In manchen Beziehungen gibt es zu viel Distanz. Es kann allerdings auch zu wenig davon geben. Eine Beziehung kann derart eng werden, dass man in gewisser Weise miteinander verschmilzt, bis keine Seite mehr genau weiß, um wessen Bedürfnis es eigentlich gerade geht. Ich verwende gern das Wort *konfluent* (Konfluenz = Verschmelzung, Zusammenfluss) für diese Art von Beziehung, bezeichne sie manchmal aber auch als *symbiotisch*, was ein anderes Wort für dasselbe Phänomen ist.

Zu Beginn einer Beziehung ist es ganz wunderbar, Übereinstimmungen zu entdecken und sich von der anderen Person verstanden zu fühlen. Manche Menschen begeistert es derart, wie „zwei Erbsen in einer Schote“ zu sein, dass sie Differenzen lieber herunterspielen, statt sich auf etwas einzulassen, worin sich ihr wirkliches Selbst ausdrücken könnte. Sie äußern selten konträre Ansichten und bestätigen eifrig die Gemeinsamkeiten.

Es kann einem ein gutes und sicheres Gefühl geben, mit einer Person zusammen zu sein, die ebenso denkt und fühlt wie man selbst. Das Problem ist, dass diese Gleichheit ihren Preis hat. Denn dafür müssen beide Seiten die Anteile ihrer selbst unterdrücken, die nicht übereinstimmen. Es kostest Energie, Teile der eigenen Persönlichkeit zu unterdrücken und aus dem gemeinsamen Leben – und vielleicht sogar aus dem eigenen Bewusstsein – herauszuhalten. Hier ein typisches Beispiel einer konfluenten Beziehung:

Jens und Karina sind seit einigen Jahren verheiratet. Sie haben nie gestritten und waren sich in so ziemlich allem einig, beispielsweise darin, sich über die Regierung zu ärgern. Karina sah zwar in deren Politik eigentlich keinen Grund dafür, aber das sagte sie Jens nicht, weil sie die gute Stimmung zwischen ihnen nicht ruinieren wollte. Sie stimmten ebenfalls darin überein, dass Karinas Kollege eine unangenehme Person war. Jens kam es allerdings manchmal so vor, als würde dieser Kollege sich eigentlich viel Mühe geben, aber selbst der Gedanke daran, wie sehr es Karina verletzen würde, wenn sie wüsste, dass er den Kollegen insgeheim für einen anständigen Kerl hielt, machte ihm Angst.

In den Urlaub fuhren sie immer mit Auto und Wohnwagen. Jens flog nicht gern. Karina sagte stets, ihr ginge es ebenso, und verriet ihm nie, wie sehr sie in Wirklichkeit davon träumte, einmal in die USA zu reisen.

In der Familie hieß es immer: „Wie denken Jens und Karina darüber?“ oder „Was wollen denn Jens und Karina?“ Es wurde als selbstverständlich betrachtet, dass beide dasselbe dachten und wollten. Die Familie war daran gewöhnt, dass es so war.

Konfluente Beziehungen sind häufig langweilig und ohne Energie. Es fehlen Kontraste, und am Ende verschwimmen die Farben Rot und Schwarz so sehr, dass sie nicht mehr zu unterscheiden sind und schließlich ein Braun übrig bleibt. Oft haben beide Seiten längst die Neugier darauf verloren, was in der anderen vorgeht, weil beide glauben, sich ganz und gar zu kennen. Es besteht kein wirklicher Kontakt mehr, denn Voraussetzung für guten Kontakt ist es, den Mut zu haben, zu fühlen und sich so zu zeigen, wie man ist – und fähig zu sein, die andere Person als interessantes, unerforschliches Wesen zu sehen, die anders ist als man selbst.

Sind Sie sich zu ähnlich geworden?

In konfluenten Beziehungen sprechen die Partner typischerweise von sich als „wir“ und nicht als „ich“ und „du“. Beispielsweise:

„Wir sind glücklich miteinander“ oder „Wir mögen Familientreffen.“

Gleichheit bindet Menschen aneinander – und es kann sich ziemlich furchteinflößend anfühlen, aus einer Symbiose auszubrechen.

Vielleicht haben Sie festgestellt, dass die andere Person sich zurückzieht oder erschöpft aussieht, wenn Sie versuchen, sie „zurück ins Boot zu holen“, indem Sie auf Gemeinsamkeiten hinweisen und „wir“-Formulierungen verwenden. In so einem Fall braucht die betreffende Person wohl mehr Raum für sich selbst. Wenn Sie etwas mehr lockerlassen, besteht eine gute Chance, dass sie von sich aus wieder näherkommen wird.

Es folgen einige Beispiele, wie Sie „wir“-Formulierungen durch „ich“ und „du“ ersetzen und damit signalisieren können, dass es für Sie in Ordnung ist, wenn die andere Person anders ist oder anders fühlt als Sie.

Verwenden Sie keine Formulierungen wie beispielsweise: „Passen wir nicht gut zusammen?“, sondern sagen Sie stattdessen:

✧ *„Ich bin gern mit dir zusammen, und wie gefällt es dir, mit mir zusammen zu sein?"*
  Nicht „Sollen wir uns bald mal treffen?", sondern
✧ *„Ich würde mich gern bald mit dir treffen, wenn du magst."*
  Nicht „Wir lachen so viel zusammen", sondern
✧ *„Ich finde (Ich erinnere mich), wir haben immer viel zusammen gelacht. Wie empfindest (wie erinnerst) du das?"*
  Nicht „Wir hatten so eine schöne Zeit", sondern
✧ *„Ich hatte so eine schöne Zeit mit dir. Wie war es für dich?"*

Oder wenn Sie es der anderen Person noch leichter machen wollen:

✧ *„Vielleicht hattest du gemischte Gefühle, als du mit mir zusammen warst."*

Damit ist es für die Betreffende legitim, etwas Negatives zu sagen. Und Sie können fortfahren: „Erzähl mir, wie du das erlebt hast."

Wenn Sie auf „nicht-konfluente" Weise mit der anderen Person sprechen, wie in den oben angeführten Beispielen, wird sie den Eindruck haben, dass Sie wirklich ihre Gefühle und Erfahrungen hören wollen – auch wenn sie anders sind als Ihre.

Vielleicht haben Sie schon erlebt, wie erstickend es sich anfühlen kann, mit einem Menschen zusammen zu sein, der glaubt, im Voraus zu wissen, was Sie denken, und meistens in der „Wir"-Form spricht, statt Ihnen den Raum zu lassen, Ihre höchsteigene Position zu vertreten. Möglicherweise haben Sie sogar die Erfahrung gemacht, dass Sie in Gegenwart der anderen Person das Gefühl dafür verlieren, wer Sie sind. Oder Sie sind frustriert, weil Sie sich nicht als die Person, die Sie sind, gesehen und gehört fühlen – stattdessen sitzen Sie im „Boot“ der anderen Person und werden als ihre zweite Ausfertigung betrachtet.

Vielleicht wollen Sie keine schlechte Stimmung machen, wenn die andere Person Sie in ihr Boot holt und beispielsweise sagt: „Wir arbeiten so gut zusammen“, oder „Jetzt sind wir wieder auf dem richtigen Weg, genau wie vor der Krise“. Es lohnt sich, aus dem Boot zu springen, wenn es sich für Sie darin nicht richtig anfühlt, und stattdessen bei sich selbst zu bleiben.

Hier einige Formulierungsvorschläge:

- ✧ Ich kann hören, dass es dir gut mit mir geht. Frag mich, wie es mir mit dir geht.
- ✧ Ich kann hören, dass du findest, wir haben eine schöne Reise. Ich finde das auch, aus vielen Gründen. Aber denk dran, dass wir zwei verschiedene Menschen sind. Für mich war die Reise zum größten Teil eine gute Erfahrung, aber es gab auch Dinge, die mich genervt haben.

Es mag schwierig sein, Ihre Art des Interagierens von einem Tag auf den anderen zu ändern. Falls eine Beziehung zu eng geworden ist, kann es förderlich sein, wenn Sie sich darauf einigen, sich für ein paar Wochen nicht zu sehen. Wenn Sie sich dann wieder treffen, werden Sie sich vielleicht mit anderen Augen sehen und können auf neue Weise und mit anderen Regeln zusammen sein.

Als wir klein waren, haben wir alle in symbiotischen Beziehungen gelebt. Ein Neugeborenes fühlt sich nicht als etwas anderes als seine Mutter. Im besten Fall sind sie ein einziger glückseliger Organismus, in dem jeder die Bedürfnisse des anderen errät. Viele von uns haben allerdings zu wenig von dieser gesunden Konfluenz bekommen, als wir klein waren. So kann es verlockend sein, als Erwachsener eine konfluente Beziehung einzugehen. Das ist allerdings nicht gesund für die Psyche. Die Art des Kontakts ist unbefriedigend und man fühlt sich nicht gesehen oder gehört.

Konfluenz zwischen Eltern und Kindern

In vielen Beziehungen zwischen Eltern und Kindern ist wesentlich mehr Konfluenz im Spiel, als für die Beteiligten gut ist. Ohne es zu wissen, richten Eltern, die als Kinder zu wenig gesunde Symbiose erfahren haben, ihre Sehnsucht nach Verschmelzung auf ihre Kinder. Aussagen wie: „Meine Tochter ist mir wie aus dem Gesicht geschnitten“ oder „Er ist genauso frech, wie ich es als Kind war“ weisen auf eine ungesunde Beziehung hin. Manche Eltern sind davon überzeugt, genau zu wissen, wie sich ihre Kinder fühlen – tatsächlich aber sehen sie sich nur selbst in den Kindern und die Kinder fühlen sich nicht gesehen oder gehört.

Wenn Ihr Kind sich von Ihnen distanziert, sollten Sie überlegen, ob Sie sich unbewusst ihm gegenüber so verhalten, als wäre es ein Teil von Ihnen. In diesem Fall muss das Kind einfach Distanz zwischen Ihnen schaffen, um eine Chance zu haben, sich zu entwickeln.

Achten Sie besonders in der Beziehung zu Ihren Kindern darauf, nicht zu denken, Sie wüssten, wer sie sind und was sie fühlen. Viel besser ist es, wenn Sie neugierig sind und das Kind selbst fragen. Haben Sie bisher den Seiten Ihres Kindes, in denen Sie sich selbst wiedererkennen, die meiste Aufmerksamkeit geschenkt, ist es gut, mal für eine Weile das Gegenteil zu tun und sich besonders für die Aspekte zu interessieren, in denen es anders ist als Sie.

Übung

Üben Sie, „ich“ und „du“ zu sagen statt „wir“, und schaffen Sie Raum für Unterschiede. Sie können zum Beispiel im Zusammenhang mit einem gemeinsamen Erlebnis sagen: „So habe ich es jedenfalls erlebt. Vielleicht ging es dir ganz anders. Erzählst du mir, wie du es siehst?“

Üben Sie, auf Unterschiede hinzuweisen. Fangen Sie klein an, fragen Sie beispielsweise die andere Person, was ihre Lieblingsfarbe ist. Ihre Aufgabe ist, zu sagen, dass Sie eine andere Farbe bevorzugen.

Experimentieren Sie damit, auch mal Widerstand zu leisten. Das kann viel mehr Spaß und Energie bringen, als wenn Sie ständig nur nett sein wollen.

Zusammenfassung Kapitel 10: Lassen Sie die andere Person anders sein

Wenn Sie in einer Beziehung nie widersprechen oder Meinungsverschiedenheiten haben, wird sich das bald

langweilig und frustrierend anfühlen. Vielleicht werden Sie selbst nicht wissen, woran es liegt.
Bei zu viel Konfluenz zwischen Eltern und Kindern müssen die Kinder sich sehr stark von den Eltern distanzieren, um sich selbst zu finden.

Kapitel 11
Sehen Sie sich Ihre Familie an

Wenn Sie Schwierigkeiten mit Ihrer Mutter haben, hatte diese höchstwahrscheinlich ebenfalls Schwierigkeiten mit ihrer Mutter/ihrem Vater, die wiederum Schwierigkeiten mit ihren Müttern oder Vätern hatten und so weiter. Sie können nicht vermeiden, dass Sie etwas von den guten und schlechten Erfahrungen an die eigenen Kinder oder andere enge Bezugspersonen weitergeben.

Beziehungskompetenzen werden vererbt

Die Beziehungskompetenzen, über die Sie heute verfügen, haben Sie als Kind von Ihren engsten Bezugspersonen gelernt. Falls Sie nicht in einer Psychotherapie oder auf andere Weise an Ihrer Art des Umgangs mit anderen gearbeitet haben, werden Sie also sehr wahrscheinlich mehr oder weniger das Gleiche tun wie Ihre Eltern, auf einem ähnlichen emotionalen Level. Ihre Art, eine Beziehung zu führen, wird der Ihrer Eltern sehr ähnlich sein, und genau das geben Sie auch Ihren Kindern weiter.

Manche Menschen glauben nicht daran, dass ihre Beziehung zu ihren Kindern irgendetwas mit ihrem Verhältnis zu den eigenen Eltern zu tun hat. Meist stellt sich jedoch bei näherer Betrachtung heraus, dass sie durchaus weitergeben, was sie selbst erfahren haben – nur genau andersherum.

In meinem Elternhaus gab es strenge Tischsitten. Ich fand die Mahlzeiten anstrengend und die Stimmung frostig. Als ich dann selbst Kinder hatte, gab ich mir Mühe, am Esstisch für eine gute Atmosphäre zu sorgen. Ich übersah bewusst die schlechten Tischmanieren meiner Kinder und konzentrierte mich stattdessen darauf, das Gespräch im Fluss zu halten, indem ich sie fragte, wie ihr Tag gewesen war, etc.
Als die Kinder älter waren, beschwerten sie sich darüber, dass ich ihnen nie ordentliche Tischmanieren beigebracht hatte, sodass sie in Schwierigkeiten kamen, wenn sie bei Freunden zu Hause aßen. Obendrein fanden sie, dass mein Interesse an ihnen während der Mahlzeiten eher ziemlich anstrengend gewesen sei.
Ina, 57 Jahre

Dieses Beispiel zeigt, wie Ina – obwohl sie genau das Gegenteil anstrebte – die angestrengte Situation bei Tisch wiederholte und weitergab. Es ist nicht leicht, aus einem extremen in ein ausgewogenes Verhalten überzugehen. Wir verhalten uns häufig wie ein Pendel, das von einem Extrem ins andere schwingt. Erst wenn wir uns bewusst werden, was wir tun und wie es sich auswirkt, können wir anfangen, einen Mittelweg zu finden, und ein ausgeglichenes Verhalten aufbauen. Das nächste Beispiel schildert, wie Johannes, übermäßig engagiert hinsichtlich der Probleme seines Vaters, sich später in seinem eigenen Gefühlsleben viel zu wenig für seine Kinder und Freunde engagierte. Auch hier die Wiederholung einer Unausgewogenheit.

In meinen Teenagerjahren lebte ich allein mit meinem Vater. Er sprach viel mit mir über seine Probleme mit Frauen. Ich fühlte mich sehr betroffen und versuchte, ihm zu helfen – als sei ich verpflichtet, als eine Art Bollwerk gegen seine Einsamkeit zu fungieren.

Als ich älter wurde, beschloss ich, meinen Kindern NIEMALS meine Probleme aufzubürden, und auch niemand anderem. Ich tat so, als wäre ich immer glücklich und zufrieden. Jahre später verstand ich dann allerdings, wie irritierend es für meine Kinder und Freunde gewesen sein muss, nie etwas über meine Gefühle und wer ich wirklich war zu erfahren.

Johannes, 52 Jahre

In beiden Beispielen sehen wir die Tendenz, von einem Extrem ins andere zu wechseln. Wir können leicht in dieses Muster verfallen, wenn wir nicht besonders aufmerksam sind und uns nicht – wenn nötig – Hilfe suchen.

Viele von uns haben sich in ihrer Jugend vorgenommen, später ganz andere und bessere Eltern zu sein, als es die eigenen Eltern waren. Zähneknirschend müssen wir später feststellen, dass wir in denselben Mustern gefangen sind und häufig genau die Dinge tun, die wir unseren Eltern vorgeworfen haben.

Vielleicht fällt es Ihnen leichter, Ihren Eltern zu vergeben – und leichter, Ihre eigene Schuld zu tragen –, wenn Sie bedenken, dass die Probleme, die Ihnen zu schaffen machen, wahrscheinlich seit langer Zeit in Ihrer Familie von Generation zu Generation weitergegeben wurden. Aufgrund dieser tiefen Wurzeln ist es ganz sicher zu viel verlangt, dass eine Person nun alle Probleme, die ihre Familie durch viele Generationen getragen hat, hinter sich lassen kann. Aber wenn wir einige dieser Probleme lösen können und es uns gelingt, eine gesündere Beziehung mit unseren Kindern zu führen, als unsere Eltern es gekonnt haben, werden in zukünftigen Zweigen der Familie Kinder und Eltern besser miteinander auskommen. Auch die Fähigkeit, gelingende Beziehungen zu führen, kann weitergegeben werden!

Prioritäten setzen: etwas Gutes weitergeben

Gesündere Beziehungen können Sie erreichen, indem Sie an der Beziehung zu Ihren Eltern und zu Ihren Kindern arbeiten oder wem auch immer Sie sonst etwas weitergeben. Die Kinder sollten hier am wichtigsten sein. Wenn Sie in das Zusammensein mit Ihren Eltern so viel Energie investieren, dass Ihnen am Ende die Energie für Ihre Kinder fehlt, ist es klug, den Kontakt zu den Eltern etwas herunterzuschrauben.

Häufig sind die Eltern, die ihren Kindern am wenigstens zu geben hatten, als sie klein waren, später diejenigen, die am meisten fordern. Wenn Sie in emotionaler Armut aufgewachsen sind und nun mit fordernden Eltern zurechtkommen müssen, während Sie gleichzeitig versuchen, etwas weiterzugeben, wovon Sie selbst nicht viel bekommen haben, sind Sie in einer echten Zwickmühle. Vielleicht haben Sie eine Situation wie diese schon erlebt und es fehlte Ihnen die Energie, mit all dem fertigzuwerden. In so einem Fall ist es wichtig, sich vor allem Zeit für sich selbst zu nehmen und Hilfe zu suchen, wenn Sie welche brauchen, um ausreichend Ressourcen für eine gute Beziehung zu Ihren Kindern oder anderen Menschen, denen Sie etwas weitergeben möchten, zu haben.

Manchen Menschen fällt es schwer, ihren Eltern Grenzen zu setzen, um Raum für sich selbst und ihre Kinder zu haben, denn bereits in der Bibel steht geschrieben, du sollst Vater und Mutter ehren. Es ist eines der Zehn Gebote aus dem Buch Exodus im Alten Testament. Dieses Gebot stammt aus einer anderen Zeit, als es noch keine Sozialdienste gab. Wenn Sie sich damals nicht um Ihre Eltern gekümmert hätten, sobald sie es nicht mehr selbst konnten, wären sie einfach verhungert. Heute aber ist die Situation ganz anders. Darum ist es besser, sich auf die eigene Elternpflicht zu berufen, als zuzulassen, dass Ihre Eltern mehr nehmen, als sie geben.

Die natürliche Ordnung sieht vor, dass Eltern ihren Kindern etwas mitgeben, das diese dann zum Wohle zukünftiger Generationen weiterreichen. Wenn die Eltern gebrechlich werden, wird diese Ordnung manchmal auf den Kopf gestellt, sodass die Kinder glauben, ihren Eltern eine Menge schuldig zu sein, und infolgedessen unangemessen viel Verantwortung für sie übernehmen. Sofern Sie ausreichend Energie dafür haben, ist es die optimale Lösung, wenn Sie sich sowohl um Ihre Eltern kümmern als auch etwas weitergeben. Sind Ihre Eltern besonders fordernd oder Sie selbst haben nicht genug Energie, ist es wichtig für Sie, Ihren Kindern den Vorrang zu geben. Sie sind diejenigen, die weiterleben und etwas brauchen, das sie wiederum weitergeben können – zum Nutzen zukünftiger Generationen.

Übung

Denken Sie an die Probleme in Ihrer Familie. Fragen Sie andere Familienmitglieder danach. Gab es psychische Krankheiten, Selbstmord oder emotionale Armut, mangelnde Fähigkeit, andere zu sehen und zu verstehen oder sich selbst wahrzunehmen? Wenn Sie eine Tendenz zum Negativen erkennen, können Sie sich auf die Schulter klopfen, weil Sie trotz eines schweren Familienerbes zurechtkommen.

Zusammenfassung Kapitel 11: Sehen Sie sich Ihre Familie an

Die Art unseres Kontakts zu anderen haben wir von unseren Eltern gelernt. Normalerweise gehen wir mit unseren Kindern oder Freunden ebenso um wie sie – möglicherweise schlagen wir auch die umgekehrte Richtung ein und wiederholen das Muster genau andersherum.
Unsere Beziehungsprobleme ähneln wahrscheinlich denen unserer Väter oder Mütter und das Problem wiederholt sich bereits seit vielen Generationen in unserer Familiengeschichte. Wenn Sie von sich erwarten, alles perfekt zu machen und die Fehler Ihrer Vorfahren zu vermeiden, stellen Sie viel zu hohe Anforderungen an sich. Wenn das, was Sie weitergeben, auch nur ein kleines bisschen besser ist als das, was Sie erhalten haben, beeinflussen Sie damit zukünftige Generationen in positiver Weise.

Kapitel 12
Ihre Gründe für den Abbruch einer Beziehung erkennen

Für den Abbruch einer Beziehung oder das Minimieren des Kontakts zu einer Person kann es viele Gründe geben. Manche davon sind naheliegend, jedoch sollten Sie sorgfältig über andere mögliche Gründe nachdenken.

Kommen Ihnen diese Begründungen bekannt vor?

1. Mit der betreffenden Person fühle ich mich nicht mehr entspannt.
2. Die Probleme der anderen Person belasten mich zu sehr.
3. Ich fühle mich zunehmend gelangweilt mit der anderen Person.
4. Die andere Person hat mich in eine Rolle gedrängt, die sich falsch anfühlt.
5. Ich bin der anderen Person nicht mehr wichtig genug.
6. Die andere Person verletzt mein Selbstbild.
7. Die andere Person übt psychische oder physische Gewalt gegen mich aus.

In den folgenden Abschnitten finden Sie eine Erläuterung und Einschätzung für jede dieser Begründungen.

1. Mit der betreffenden Person fühle ich mich nicht mehr entspannt

Wenn es uns schwerfällt, uns in einer Beziehung zu entspannen, liegt das möglicherweise daran, dass wir Mühe haben, mit den Gefühlen umzugehen, die die andere Person in uns weckt. Es bereitet uns Schwierigkeiten, Gefühle zu fassen und auszuhalten.

Vielleicht ist Ihnen das Gefühl vertraut, es kaum im eigenen Körper auszuhalten, weil die Gefühle so heftig sind. Dabei kann es sich um positive oder negative Gefühle handeln. Wenn es Ihnen schwerfällt, eine Situation auszuhalten, in der Sie sich im selben Raum mit einer Person befinden, die Ihnen einmal viel bedeutet hat, sind vermutlich starke Gefühle im Spiel. Das können beispielsweise Wut, Trauer, Schmerz, Angst oder Verwirrung sein.

> *Ich ging zu einer Party, zu der, wie ich wusste, auch mein Ex eingeladen war. Als ich ihn sah, wurde mir sehr mulmig zumute: Gefühle von Wut, Traurigkeit und Sehnsucht. Am liebsten wäre ich aus dem Lokal gelaufen und nach Hause gefahren, aber ich machte mir klar, wo ich war, betrachtete ihn aus der Distanz und sagte mir: „Deine Gefühle sind völlig okay und normal in dieser Situation." Ich atmete ein paarmal tief durch und fühlte, wie mein Körper sich innerhalb von ein paar Minuten an die Situation gewöhnte und ich wieder normal denken konnte.*
>
> Line, 38 Jahre

Wenn Ihre Gefühle nicht allzu heftig sind, versuchen Sie, in der Situation zu bleiben. Atmen Sie tief durch und nehmen Sie die Gefühle an, die da sind.

Sie können sich auf ein Zusammentreffen mit jemandem vorbereiten, indem Sie beispielsweise mit anderen über Ihre Gefühle sprechen. Während Sie davon erzählen, kommen Gefühle hoch und Sie können üben, sie in Ihrem Körper zuzulassen, indem Sie mit dem Zwerchfell atmen und sich auf diese Weise langsam an sie gewöhnen.

Die Fähigkeit, mit bestimmten Gefühlen umzugehen, können Sie ebenso trainieren wie einen Muskel. Wenn Sie nie etwas Schweres heben, bleiben Ihre Armmuskeln schwach. Aber wenn Sie versuchen, schwere Dinge zu heben, auch wenn es anstrengend ist, werden die Muskeln durch das Training wachsen. Auf dieselbe Weise können Sie die Fähigkeit trainieren, mit gewissen Gefühlen umzugehen, indem Sie sich ihnen in angemessener Dosierung aussetzen. So wie ihre frisch gewaschene Jeans sich weitet, wenn Sie in ihr herumlaufen, selbst wenn sie vorher eng war, erweitert sich auch Ihre innere Kapazität, Gefühle auszuhalten, wenn Sie in der Situation bleiben, statt vor ihr zu flüchten.

Hier kann auch die Briefschreib-Übung aus Kapitel 2 hilfreich sein. Sie werden vielleicht feststellen, dass es jedes Mal, wenn Sie über Ihre Gefühle schreiben oder sprechen, leichter für Sie wird, sie auszuhalten. Wenn Sie besser darin werden, mit Ihren eigenen Gefühlen umzugehen, wird Ihnen das auch in anderer Hinsicht nutzen. Vielleicht werden Sie feststellen, dass Ihre Gefühle sich selbst gegenüber insgesamt stabiler geworden sind.

Manchmal jedoch können Gefühle so überwältigend oder verwirrend sein, dass professionelle Hilfe nötig ist, um sie zu verstehen und damit fertigzuwerden. Wenn Sie sich geeignete Hilfe suchen, haben Sie gute Chancen, nicht nur Ihre Beziehung zu verbessern, sondern auch als Mensch zu wachsen.

2. *Die Probleme der anderen Person belasten mich zu sehr*

Wenn eine andere Person Sie mit schwerwiegenden Problemen belastet, statt für deren Lösung selbst die Verantwortung zu übernehmen, kann es eine Erleichterung bedeuten, den Kontakt abzubrechen, wie es Sanne im nachfolgenden Beispiel in Erwägung zieht.

> *Meine Mutter war jahrelang unzufrieden mit ihrem Zahnersatz. Oft hatte sie deshalb Dispute mit ihrem Zahntechniker und war erbost darüber, Rechnungen bezahlen zu müssen, obwohl sie mit der Behandlung nicht zufrieden war. Noch wütender wurde sie, als der Zahntechniker irgendwann andeutete, ihr Problem sei wohl eher ein psychisches. Wenn sie zu Besuch kam und die ganze Zeit von ihren Zahnproblemen redete, erwartete sie, dass mich die Sache ebenso ärgerte wie sie, und ich fühlte mich schlecht.*
> Sanne, 34 Jahre

Sanne empfand es als zwecklos, ihre Energie an die Probleme ihrer Mutter zu verschwenden, da es so aussah, als sei keine Lösung zu erwarten, ganz gleich, wie oft sie sich deren Ärger und Frustration anhörte. Für Sanne war es besser, ihre Energie in ihre Kinder zu investieren.

Sie versuchte, den Redefluss der Mutter mit den folgenden Sätzen zu stoppen:

„Mutter, ich bin nur deine Tochter. Ich kann deine Probleme nicht lösen. Es belastet mich, wenn du von deinen Zahnproblemen sprichst. Von jetzt an möchte ich nichts mehr darüber hören.“ Zuerst war die Mutter verärgert und fühlte sich durch Sannes Zurückweisung schlecht behandelt, aber sie hörte auf, ihr von ihrem Problem zu erzählen, und das war klug. Sie hätte anderenfalls riskiert, den Kontakt zu ihrer Tochter zu verlieren.

Es kann belastend sein, zuhören oder dabei sein zu müssen, wenn ein Familienmitglied oder Freund an dem ewig gleichen Problem leidet, und das offensichtlich ohne irgendwelche Fortschritte und ohne sich geeignete Hilfe zu suchen.

3. Ich fühle mich zunehmend gelangweilt mit der anderen Person

Im Dänischen ist „sich langweilen" („kede sig") linguistisch eng verwandt mit „traurig sein" („ked af det"). Überlegen Sie, ob sich in der Beziehung etwas ereignet hat, das Sie traurig oder unsicher gemacht hat, sodass Sie der anderen Person nicht mehr ehrlich sagen, was Sie für sie fühlen. Wollen Sie nur noch „nett" zueinander sein, statt sich gegenseitig herauszufordern und auch mal „Kontra zu geben"? Wenn das der Fall ist, könnte ein offenes Gespräch darüber, wie Sie sich beide in der Beziehung verhalten, die Langeweile zum Verschwinden bringen.

In Kapitel 6 habe ich die vierte Gesprächsebene als ein nützliches Kommunikationsmodell beschrieben, wenn eine ehrliche Unterhaltung ansteht und die Leichen aus dem Beziehungskeller geräumt werden müssen. Dasselbe Modell kann auch hier angewendet werden. Wenn sich Langeweile in einer Beziehung breitgemacht hat, kann es ein guter Weg sein, zu dieser sehr direkten Form des Kontakts überzugehen.

Hier einige Beispiele für ehrliche Aussagen:

- Ich habe das Gefühl, dass mein Bedürfnis, etwas mit dir zu unternehmen, nachgelassen hat.
- Wenn wir miteinander reden, erwische ich mich manchmal dabei, dass ich auf die Uhr schaue.
- Ich wünschte, du würdest mal etwas Überraschendes oder Neues zu mir sagen.
- Ich hoffe immer, dass du mir Fragen zu dem stellst, was ich dir erzähle, und mir das Gefühl gibst, gern mehr hören zu wollen.
- Es wäre schön, wenn wir auch mal albern miteinander sein könnten statt so ernst und nüchtern.
- Ich fände es schade, ganz den Kontakt zu dir zu verlieren. Aber ich finde, wir sollten uns in Zukunft weniger oft sehen.

So direkt zu sein, ist vielleicht nicht ganz das, was ein Benimmbuch empfehlen würde. Sie riskieren, dass Ihr Gegenüber verletzt und wütend ist. Andererseits haben Sie nicht viel zu verlieren, wenn Ihre Beziehung einzuschlafen droht. Zudem besteht die Möglichkeit, dass sich etwas Positives daraus entwickelt. Auf jeden Fall wird die Langeweile verschwinden, solange Sie sich auf der vierten Gesprächsebene befinden.

Es kann allerdings auch sein, dass Sie sich beide in verschiedene Richtungen entwickelt und inzwischen nicht mehr viel gemeinsam haben. Wenn eine Beziehung nicht mehr wichtig ist und keine Bedeutung mehr für Sie hat, gibt es kaum einen Grund, dafür zu kämpfen, sie am Leben zu halten. Wenn Sie sich weiterentwickeln und wachsen, ist es utopisch zu glauben, Sie könnten das ganze Leben lang exakt dieselben Beziehungen weiterführen.

4. Die andere Person hat mich in eine Rolle gedrängt, die sich falsch anfühlt

Erwachsene Kinder, die den Kontakt zu ihren Eltern abgebrochen haben, finden häufig, dass das Bild von ihnen selbst, das sie in den Worten, Handlungen und Blicken ihrer Eltern wahrnehmen, gar nichts mit ihnen zu tun hat. Es irritiert sie, sich selbst nicht im Spiegel ihrer Eltern zu erkennen, und sie stellen fest, dass ihr Vater oder ihre Mutter auf eine Weise auf sie reagieren, die nichts mit dem zu tun hat, was sie im Innern wirklich sind. In der Kindheit haben sie vielleicht versucht, in die Form zu passen, die ihre Eltern bereits für sie entworfen hatten, bevor sie überhaupt geboren waren. Wenn sie – damals wie heute – Seiten von sich zu zeigen versuchen, die nicht in diese Form passen, haben sie das Gefühl, missverstanden oder ignoriert zu werden. Das ist vor allem bei Eltern der Fall, die eine schwere Kindheit hatten und ihre Traumata nie verarbeiten konnten. Diese Eltern sind darin gefangen, dieselbe Rolle immer und immer wieder zu spielen – und ohne es selbst zu merken, nehmen sie ihre Kinder in diesem endlosen Spiel sozusagen als Geiseln.

Es kommt mir vor, als ob meine Mutter unbedingt die Rolle der immer guten Mutter spielen musste. Damit sie in dieser Rolle erfolgreich sein konnte, hatte ich das glückliche, liebe und kluge Kind zu sein. Ich wusste das instinktiv von ganz klein auf. Als Erwachsene stellte ich fest, dass ich ganz anders war. Ich bin manchmal auch dumm oder unausstehlich oder unsagbar traurig.
Mit jeder neuen Seite an mir, die ich entdeckte und verinnerlichte, empfand ich mich als stärker und vollständiger. Aber wenn ich meine Mutter besuche, kann sie überhaupt

nichts mit der Person anfangen, die ich heute bin. Sie spielt weiter die Rolle der guten Mutter mit dem süßen, klugen Kind. Ich fühle mich weder gesehen noch gehört. Es ist, als würde ich wesenlos werden und verschwinden. Erst wenn ich meinem Freund von dem Besuch erzählt habe und er gehört und verstanden hat, wie schwierig das für mich war, fange ich allmählich wieder an, mich ganz als ich selbst zu fühlen.

Dorte, 50 Jahre

Jeder Mensch will auf eine Weise gesehen und gehört werden, dass er sich selbst darin erkennen kann. Wenn das Spiegelbild, das wir in der anderen Person wahrnehmen, verzerrt ist, fällt es schwer, unser Gefühl eines festen inneren Kerns zu schützen – besonders wenn unser Selbstbild nicht sehr gefestigt ist.

Wenn Sie mit Eltern aufgewachsen sind, die nicht in der Lage waren, Interesse für Ihre innersten Bedürfnisse oder Ihre Persönlichkeit aufzubringen, fehlt es Ihnen wahrscheinlich an einem stabilen Selbstgefühl. Und auch wenn Sie sich bemüht haben, mehr Selbstsicherheit zu entwickeln, spüren Sie immer noch, wie es sich in nichts auflöst, sobald Sie mit Ihren Eltern zusammen sind, und sich das Zusammensein schmerzhaft und bedrückend anfühlt.

In mehr oder weniger hohem Maß weisen wir unseren Kindern und uns Rollen zu. Das wird in dem Moment zum Problem, wenn diese Rollen so unflexibel sind, dass sie auch dann nicht verändert werden können, wenn sich herausstellt, dass sie der betreffenden Person gar nicht entsprechen. Wie flexibel die Rollen sind, die wir anderen zuweisen, hängt davon ab, wie flexibel wir selbst sind und wie viele unterschiedliche Rollen wir in unserem Repertoire haben.

Wenn Sie beispielsweise nur die Rolle der „witzigen, unterhaltsamen Person“ spielen können, weisen Sie den anderen die Rolle der „Zuschauer“ zu. Spielen Sie ausschließlich die Rolle des „zuhörenden Helfers“, erhält dadurch die andere Person die Rolle des „Problemkinds“. Können Sie nur die Rolle des „unschuldigen Opfers“ spielen, drängt das die anderen wahrscheinlich entweder in die Rolle der „Helfer/Retter“ oder der „Zerstörer“.

Manche Menschen behalten ihre Rollen aus der Vergangenheit bei und verhalten sich demzufolge in Beziehungen auf eine Weise, die die anderen Beteiligten nicht verstehen. Sie geben auch den anderen Rollen und tun so, als sei die andere Person ausschließlich diese Rolle – ohne zu sehen, zu verstehen oder sich auch nur dafür zu interessieren, wie diese andere Person sich selbst sieht. Nehmen wir das Beispiel einer Frau in der Bahn, die ungefragt einem Mitreisenden ihre Leidensgeschichte erzählt. Sie weist dem Mitreisenden die Rolle des Helfers zu, ohne zuerst festzustellen, wer diese andere Person eigentlich ist und ob sie Lust hat, zuzuhören – oder ob sie vielleicht müde ist und sich lieber ausruhen möchte. Ein anderes Beispiel ist ein Vater, der seinen Sohn für deutlich besser hält als alle anderen Kinder. Der Sohn, dem die Bewunderung durch den Vater zuerst schmeichelt, versucht nun alles, um überall der Beste zu sein, und verliert sich dabei selbst.

Andere für das eigene Spiel zu benutzen, ist eine Form von Missbrauch und ungesund für alle Beteiligten. Das geschieht nicht aus böser Absicht, aber es passiert immer dann, wenn Sie in einem Spiel aus der Vergangenheit gefangen sind, dessen Sie sich nicht bewusst sind oder das Sie nicht verarbeitet haben. Wenn Sie einen solchen Missbrauch begehen oder selbst für das Spiel eines anderen missbraucht werden, sollten

Sie sich jemanden suchen, mit dem Sie darüber sprechen können. Findet so etwas zwischen Eltern und Kind statt, kann es so kompliziert und undurchschaubar sein, dass beide Seiten viel Hilfe dabei brauchen, Klarheit und einen neuen gemeinsamen Weg zu finden.

Wenn Sie sich selbst in Hinsicht auf Ihre Eltern oder andere Menschen verwirrt, verkehrt oder irreal fühlen, kann das daran liegen, dass Sie in ein Spiel hineingeraten sind, das wenig mit Ihnen oder der tatsächlichen, aktuellen Beziehung zu tun hat – in einem Spiel, das dazu dient, jemandes Illusionen über sich selbst aufrechtzuerhalten. Auf jeden Fall ist es sehr belastend für Sie und kostet Energie und es bringt niemandem Nutzen. Also schließen Sie damit ab und steigen Sie aus dem Spiel aus. Es schmerzt, wenn Illusionen zerstört werden, aber für uns alle ist es besser, auf dem Boden der Realität zu stehen.

Man sagt: „It takes two to tango" – zu einem Tango gehören immer zwei. Wenn einer anfängt, neue Schritte zu machen, kann der andere nicht weitertanzen wie bisher. Wenn Sie aufhören, die Rolle zu spielen, die die andere Person Ihnen zuweist, wird es ihr schwerfallen, ihre bisherige Rolle weiterzuspielen. Das wird ihr nicht gefallen und sie wird vielleicht ihre Angst und ihren Schmerz gegen Sie richten. Wenn Sie bei den neuen Schritten bleiben, wird das auf lange Sicht dennoch das Beste für alle sein – auch für die betreffende Person, die im besten Fall erkennen wird, dass sie Hilfe braucht.

Eltern weisen ihren Kindern besonders leicht Rollen zu. Es passiert aber auch in anderen Beziehungen. Am einfachsten ist es, Menschen Rollen zuzuweisen, die nicht klar zeigen, wer sie sind. Je weniger Sie damit hinter dem Berg halten, wer Sie sind, was Sie wollen und was Sie nicht wollen, desto besser sind Sie davor geschützt, Teil des Spiels eines anderen zu werden.

Wenn es Ihnen schwerfällt, die Gegenwart einer bestimmten für Sie wichtigen Person auszuhalten oder Sie sich einfach in ihrer Gesellschaft nicht wohlfühlen, überlegen Sie, ob ein schriftlicher Kontakt eine Alternative zu einem endgültigen Bruch sein könnte. Vielleicht können Sie eine Freundschaft per Brief aufbauen. Auf diese Weise hätten Sie die Möglichkeit, das komplizierte und schwer zu verstehende Muster Ihres Wechselspiels unter Kontrolle zu halten, ohne davon überfordert zu werden.

5. Ich bin der anderen Person nicht mehr wichtig genug

Wenn Ihnen die andere Person mehr bedeutet als Sie ihr, kann das schmerzhaft sein und zu geringem Selbstwertgefühl in der Beziehung führen.

Bei Paaren kommt es selten vor, dass sich beide Partner exakt gleich stark lieben. Normalerweise ist eine Seite mehr interessiert als die andere. Das ist an sich kein Problem, aber wenn das Ungleichgewicht in der Liebe oder im Interesse zu groß wird, kann das für die Person, die am meisten liebt, doch sehr hart sein.

Wenn Sie so von einer Person besessen sind, dass Sie ständig mit ihr zusammen sein wollen, sie das aber nur hin und wieder will oder sich gar nur eine oberflächliche Beziehung wünscht, kann es einfacher sein, sich gar nicht mehr zu sehen.

Als ich mit Martin zusammen war, war ich mit meinen Gedanken die meiste Zeit bei ihm und seinem Leben. Ich fand es schlimm, dass er so eine schwere Kindheit gehabt hat, und empfand eine große Zärtlichkeit für ihn. In seinem Le-

ben gab es viele Krisen – ich versuchte, ihm zu helfen und ihm gute Ratschläge zu geben. Dass wir über mich und mein Leben sprachen, kam eher selten vor. So lief es meistens ab. Martin stellte mir kaum Fragen, und wenn ich etwas von mir erzählte, schien mir sein Interesse vorgetäuscht zu sein.
Meistens ergriff ich die Initiative und schlug ihm beispielsweise vor, zusammen ins Kino zu gehen oder uns einfach so zu treffen. Selten war er es, der etwas mit mir unternehmen wollte. Irgendwann fand ich das einfach sinnlos und hörte auf, ihn zu kontaktieren. Daraufhin schlief unsere Beziehung ein – und ich denke, es war wahrscheinlich gut so, auch wenn ich lange darum geweint habe.
Kamma, 42 Jahre

In der Beziehung zu den Eltern ist es ebenfalls schwierig, wenn Sie nicht den Stellenwert bei ihnen haben, der normal wäre. Vielleicht stehen Sie im Schatten eines Geschwisters, in das die Eltern mehr investiert haben als in Sie.

Immer wenn ich meine Eltern besuchte, redeten sie die ganze Zeit davon, wie gut es bei meinem Bruder lief, welche Examen er bestanden und welche Noten er bekommen hatte und welche Karrierechancen ihm offenstanden. Wenn ich Ihnen vor meiner Ausbildung zu erzählen versuchte, wirkten sie uninteressiert.
Kasper, 24 Jahre

Manche Menschen brechen den Kontakt zu den Eltern ab, weil sie sich wie das schwarze Schaf der Familie fühlen und jedes Mal, wenn Sie sich etwas Gutes von ihren Eltern erhofften, enttäuscht und unglücklich wurden.

Erwachsene Kinder geschiedener Eltern fühlen sich oft als zweitklassig – vor allem, wenn der Vater eine neue Familie hat.

Hier zwei Beispiele:

Wenn ich meinen Vater besuchen möchte, sagt er mir oft erst in allerletzter Minute Bescheid, ob es ihm passt. Er ist nie sicher, ob es genug Betten gibt. Nur wenn die Gästebetten nicht von den Kindern seiner neuen Frau, den gemeinsamen Kindern oder deren Freunden besetzt sind, ist Platz für mich.
Hanne, 24 Jahre

Wenn ich meinen Vater anrufe, erzählt er mir manchmal, dass er ein wunderschönes Wochenende hatte, an dem die ganze Familie zusammengekommen sei. Ich fühle dann immer einen kleinen Stich im Herzen und bin traurig, weil er mich nicht vermisst.
Maria, 28 Jahre

Wenn Sie für Ihren Vater oder Ihre Mutter nicht die Bedeutung haben, die gesund und natürlich wäre, kann es zu schmerzhaft sein, sie zu sehen. Außerdem kann es Ihrem Selbstwertgefühl schaden, Kontakt zu einer Familie zu suchen, die sich selbst genug zu sein scheint.

Sich übersehen und unwichtig zu fühlen, ist ebenso schlimm wie das Gefühl, ungeliebt zu sein. Falls das die Gefühle sind, die zurückbleiben, wenn Sie mit den Betreffenden zusammen waren, und falls es nichts nutzt, mit ihnen darüber zu sprechen, sind das gute Gründe, die Häufigkeit oder Länge Ihrer Besuche zu verringern, sodass Sie sich mehr auf andere Beziehungen konzentrieren können.

Eine andere Situation ist es, wenn Sie ein Elternteil sind und Ihr Kind Ihnen nicht die Bedeutung zumisst, die Sie sich wünschen. Brechen Sie nie den Kontakt zu Ihrem Kind ab. Auch nicht, wenn es schmerzhaft ist, sich als „zweite Wahl" im Vergleich zum anderen Elternteil, zu Freunden oder anderen Interessen zu fühlen. Unser Part als Eltern ist es, bereitzustehen, um unsere Kinder zu unterstützen, sogar dann, wenn sie die meiste Zeit mit anderen Dingen beschäftigt sind. Sie können sicher sein, dass Sie dem Kind etwas bedeuten und dass es Sie braucht, auch wenn es nicht immer danach aussieht.

6. Die andere Person verletzt mein Selbstbild

Es kommt vor, dass andere etwas sagen, was wir nicht hören wollen. Vielleicht sind sie der Meinung, dass Sie sich in einer bestimmten Sache ändern sollten, dass Sie zu dominant sind oder dass Sie beispielsweise empfindlich reagieren oder verändert wirken. Wenn das nicht in der Absicht gesagt wird, Sie zu verletzen, sollten Sie darüber nachdenken, ob nicht etwas Wahres daran ist.

Zu reifen bedeutet im Leben unter anderem, sich Seiten an sich selbst bewusst zu werden, die man nicht wirklich mag. Hier sind Feinde manchmal hilfreicher als Freunde. Denn Letztere wollen nicht riskieren, Ihre Freundschaft zu verlieren, und verpacken deshalb Dinge so gut, dass Sie gar nicht merken, wenn sie auf eine Ihrer weniger vortrefflichen Seiten reagieren. Feinde dagegen äußern so etwas gern direkt und unverblümt.

Sollten Ihre Freunde oder Ihre Familie ebenso skrupellos sein – obwohl sie einiges zu verlieren haben –, sich über Ihre weniger positiven Seiten zu äußern, betrachten Sie das als ein Geschenk. Eine Beziehung aus gekränkter Eitelkeit zu beenden, wäre eine verpasste Gelegenheit, Ihre Selbsterkenntnis zu verbessern. Wenn Sie es nicht ertragen können zu hören, wie andere Sie wahrnehmen, ist das vielleicht ein wichtiger Punkt, an dem Sie arbeiten sollten, und eine Chance für Sie, sich weiterzuentwickeln und als Mensch zu wachsen. Sie können auch Personen, die Sie gut kennen, danach fragen, wie sie Sie wahrnehmen, und diese Chance nutzen, um mehr über Ihre Außenwirkung zu erfahren.

Natürlich ist es etwas anderes, wenn ein Freund oder ein Familienmitglied mit Ihnen schimpft, über Sie spottet, Sie auf sarkastische Weise kritisiert oder auf andere Art unfreundlich und respektlos mit Ihnen umgeht. Niemand hat das Recht, von Ihnen zu verlangen, perfekt zu sein, und wenn jemand Sie auf Ihr Entwicklungspotential aufmerksam machen möchte, sollte er das auf freundliche Art tun.

7. Die andere Person übt psychische oder physische Gewalt gegen mich aus

Niemand muss Gewalt hinnehmen. Kommt es in einer Beziehung zu Gewalt, ist das also auf jeden Fall ein Grund, sie zu beenden. Wenn Sie sich nicht sicher sind, wo die Grenzen des Akzeptablen liegen, ist es gut, wenn Sie mit jemandem darüber reden.

Wir wissen, was physische Gewalt ist, psychische Gewalt dagegen ist manchmal schwerer zu erkennen. Hier einige Beispiele für Komponenten, die häufig zu psychischer Gewalt gehören:

- Äußerung von Verdächtigungen
- Unverhältnismäßige Anschuldigungen

- Kritik an Ihnen als Person
- Sarkasmus
- Beleidigungen
- Persönliche Angriffe
- Den anderen über eine längere Zeit ignorieren
- Spöttische Bemerkungen
- Verwendung hässlicher Spitznamen
- Negative Vergleiche, beispielsweise mit Geschwistern
- Kritik auf unfreundliche Art
- Hasserfüllte Blicke
- Augen verdrehen, wenn Sie etwas sagen
- Drohung, Dinge zu zerstören
- Androhung körperlicher Gewalt.

Wenn Sie aufgrund von Gewalt den Kontakt abgebrochen haben, können Sie sich selbst gratulieren, da Sie fähig waren, etwas zu Ihrem eigenen Schutz zu tun. Niemand verdient es, das Ziel von psychischer oder physischer Gewalt zu sein.

Zwar ist es das Ziel dieses Buches, Menschen zu ermutigen, ihren Beziehungen eine Chance zu geben – dies gilt jedoch nicht, wenn Gewalt im Spiel ist. Allerdings macht es einen Unterschied, ob es nur ein einziges Mal zu Gewalt in der Beziehung gekommen ist oder ob es immer wieder aufs Neue passiert.

Wenn Sie beispielsweise in Ihrer Kindheit durch Ihre Eltern psychischer oder physischer Gewalt ausgesetzt waren, ist es Ihr gutes Recht, sie nie mehr wiederzusehen. Es kann aber sein, dass Sie Ihre Eltern dennoch lieben und ihnen ein wenig Zuneigung zeigen möchten – vielleicht nur durch einen Briefwechsel oder eine Weihnachtskarte. Vielleicht sind sie auch nur bemitleidenswerte Wesen, die selbst eine schreckliche Kindheit hatten.

Es könnte einiges dafür sprechen, den Kontakt zu den Eltern aufrechtzuerhalten – vorausgesetzt natürlich, dass das gewalttätige Verhalten nicht mehr vorkommt. Sie möchten sich vielleicht die Möglichkeit bewahren, sie nach Personen in Ihrer Familiengeschichte zu fragen oder nach Ereignissen in Ihrer frühen Kindheit.

Kontakt zu den Eltern kann außerdem dazu beitragen, sich selbst besser zu verstehen. Sie können auf diese Weise vermeiden, mit einem Feindbild oder einem anderen Schwarz-Weiß-Konzept hinsichtlich der Eltern leben zu müssen, das möglicherweise in Ihrer Kindheit entstanden ist. Wenn Sie in Kontakt bleiben, sind Sie in der Lage, dieses Bild zu verändern und ihm mehr Nuancen zu geben, weil Sie selbst wachsen und reifer werden und neue Sichtweisen von sich selbst und anderen entwickeln.

Die Art, wie Sie Ihre Eltern sehen und verstehen, ist eng mit Ihrem Selbstverständnis verbunden. Wenn Sie mit einem überholten Bild Ihrer Eltern leben, riskieren Sie, dass Ihrem Selbstverständnis einige wichtige Aspekte fehlen.

Übung

Falls Sie sich gegen den Kontakt zu Ihren Eltern entschieden haben, möchten Sie vielleicht Ihre Gründe nochmals überdenken:
Versäumen Sie eine Möglichkeit zur Weiterentwicklung, wenn Sie den Kontakt vermeiden?
Gibt es Optionen in der Beziehung, die Sie bisher übersehen haben?
Basiert Ihre Entscheidung auf gesundem Selbstschutz?

Zusammenfassung Kapitel 12: Ihre Gründe für den Abbruch einer Beziehung erkennen

Für den Abbruch oder die Reduzierung eines Kontakts kann es gute und weniger gute Gründe geben. Manchmal ist es leichter, die Verbindung abzubrechen, als Grenzen zu setzen oder der betreffenden Person zu sagen, wie traurig oder verletzt Sie sich fühlen. Allerdings ist die einfachste Lösung nicht immer auch die beste. Selbst wenn Sie beschließen, den Kontakt zu beenden, können Sie nicht vermeiden, dass diejenige oder derjenige Ihnen auch weiterhin etwas bedeutet. Auch können Sie nicht einfach beschließen, keine Gedanken oder Gefühle mehr für die betreffende Person zu haben.
Wenn aber die Beziehung zu schmerzhaft oder psychische oder physische Gewalt im Spiel ist, kann es die beste Lösung sein, sich nicht mehr zu sehen. Dennoch ist diese Entscheidung nicht immer leicht und kann Mut erfordern. Wenn Gewalttätigkeit ein einziges Mal vorkam und dann niemals wieder, kann einiges dafür sprechen, den Kontakt zu einem gewissen Grad aufrechtzuerhalten.

Kapitel 13
Auf gute Weise Abschied nehmen

So wie ein schönes Begräbnis dabei hilft, die Trauer besser zu ertragen, kann ein guter Abschied von jemandem, der einem wichtig war, das Loslassen und Weitergehen erleichtern. Vielleicht haben Sie erkannt, dass die Beziehung Ihnen beiden mehr abverlangt, als sie Ihnen gibt – und aus diesem Grund wollen Sie prüfen, ob es Ihnen nicht ohne einander besser geht. Vielleicht hat auch eine von Ihnen entschieden, den Kontakt zu beenden, obwohl die andere Person ihn lieber aufrechterhalten möchte.

Ungeachtet dessen, wer den Abbruch der Beziehung vollzogen hat – wenn Sie es schaffen, sich auf gute Weise zu verabschieden, kann das die Chance erhöhen, dass es Ihnen beiden damit gut geht. Allzu viele Menschen bleiben am Ende einer Beziehung voll Kummer, Verwirrung oder Selbstbeschuldigungen zurück.

„Danke" ist bei einem Abschied ein wichtiges Wort. Denken Sie dabei an positive gemeinsame Erfahrungen oder an eine Situation, in der die andere Person Ihnen geholfen oder etwas Positives zu Ihrem Leben beigetragen hat. Vielleicht wird sie sich revanchieren und etwas Freundliches über Sie sagen. Das wäre jedenfalls eine schöne Art, die andere Person gehen zu lassen.

Wenn die Trennung nicht Ihre Entscheidung war oder Sie große Enttäuschung und verletzte Gefühle empfinden, kann es schwierig sein, der anderen Person etwas Positives zu sagen. Vielleicht möchten Sie ihr viel lieber sagen, sie soll sich zum Teufel scheren. Es ist jedoch der Mühe wert, sich zu überwinden und sich an die guten Dinge zu erinnern. Vielleicht können Ihnen Ihre Freunde dabei helfen.

Noch besser in Hinsicht auf die andere Person und sich selbst könnten Sie sich fühlen, wenn Sie etwas sagen, das ihr einige oder alle Schuldgefühle Ihnen gegenüber nimmt. Wenn Sie sich dazu überwinden können, werden Sie damit sehr zu ihrem zukünftigen Lebensglück beitragen.

Hier einige Beispiele:

Du willst keinen Kontakt mehr mit mir. Das ist, wie es ist – auch wenn ich mir wünschte, es wäre anders. Ich bin froh über das, was wir zusammen hatten. Deine Entscheidung hat mich sehr traurig gemacht. Aber du musst keine Angst haben, dass ich für den Rest meines Lebens um dich weinen werde. Im Moment kümmert sich meine Schwester um mich – und demnächst werde ich mein Profil auf einer Dating-Plattform einstellen. Sofie

Ich habe mich entschieden, keinen Kontakt mehr zu dir zu haben. Ich muss mich jetzt um mich selbst kümmern. In unserer Beziehung gab es Dinge, die sehr schmerzhaft für mich waren. Aber es war nicht alles schlecht. Ich bin daran gewachsen und darüber bin ich froh. Ich weiß, dass auch dein Leben nicht leicht war, und ich wünsche dir nur das Beste.
Alles Gute, Rasmus

Ein guter Abschied kann wichtig sein

In manchen Beziehungen ist es sinnvoll, sich ein letztes Mal zu treffen und sich angemessen zu verabschieden. Allerdings verlangt das von beiden Seiten, ihre Gefühle im Zaum zu halten, damit keine Seite so davon überflutet wird, dass sie regrediert und sich wie ein kleines Kind verhält, das nach Trost schreit.

Damit ein Abschiedstreffen erfolgreich ist, sollte bei beiden Parteien eine gewisse Großzügigkeit vorhanden sein, um Empathie füreinander aufbringen zu können und nicht zu riskieren, sich in Selbstverteidigungsbemühungen zu verstricken und am Ende die Person zu verletzen, von der sie sich im Guten verabschieden wollten. Wenn es sich nicht richtig anfühlt, sich zu treffen, ist es vielleicht besser, einen liebevollen Abschiedsbrief zu schreiben.

Zusätzlich können Sie ein eigenes kleines Abschiedsritual kreieren, das Sie am besten mehrmals durchführen. Unmittelbar nach dem Bruch sind Sie vielleicht noch nicht bereit, sich allzu tief auf dieses Ritual einzulassen. Ein paar Wochen oder Monate später können Sie es erneut versuchen, um die Erfahrung zu vertiefen.

Hier einige Vorschläge für ein Abschiedsritual:

Suchen Sie sich ein Foto der betreffenden Person aus.
Spielen Sie Musik ab, die Sie mit dieser Person verbinden.
Suchen Sie sich einige Dinge aus, die Sie an die Person erinnern.
Zünden Sie eine Kerze für sie an.
Sagen Sie Danke und Adieu zu dem Foto.
Lesen Sie den Abschiedsbrief, den Sie für diesen Anlass geschrieben haben.

Wenn Sie sich von einem Elternteil verabschieden wollen und Ihnen nichts einfällt, wofür Sie dankbar sind, versuchen Sie es mit folgendem Satz:

> *„Ich danke dir für mein Leben – aber in Zukunft werde ich mich vor dir schützen, damit sich das Leben, das du mir geschenkt hast, besser entfalten kann."*
> (nach Doris Elisabeth Fischer, 2018, S. 50)

Eine noch größere Wirkung können Sie erzielen, wenn Sie eine Freundin dazubitten, um Zeugin des Abschieds zu sein. Mit dieser werden Sie sicher anschließend auch über Ihren Kummer reden können. Wahrscheinlich werden Sie Erleichterung empfinden. Und Bedauern – auch wenn Sie selbst entschieden haben sollten, die Beziehung zu beenden. In jeder Beziehung gibt es irgendetwas Gutes, also geben Sie auch dem Kummer seinen Raum.

Während des Abschiedsrituals kann es sein, dass Sie vor Erleichterung zu weinen anfangen. Wenn das der Fall ist, hängen Sie sich das Foto an die Wand, schauen Sie es sich an und sagen Sie ihm jeden Tag Adieu – so lange, bis der Kummer weniger wird und Sie sich für ein neues Kapitel in Ihrem Leben bereit fühlen. Wenn Sie merken, dass Sie sich beim Anblick des Fotos, statt erleichtert zu weinen, nur angespannt und aufgebracht fühlen, sind Sie wahrscheinlich noch nicht bereit für den Abschied. Wenn Sie das Ritual direkt nach Ende der Beziehung durchgeführt haben, möchten Sie vielleicht ein paar Monate warten und es dann wiederholen, um zu sehen, ob es leichter geworden ist. Vielleicht möchten Sie auch Ihre Entscheidung noch einmal überdenken, einander nicht mehr zu sehen, oder darüber nachdenken, ob therapeutische Hilfe ratsam wäre.

Übung

Fokussieren Sie sich auf die guten Dinge, die Sie miteinander hatten, und finden Sie etwas, wofür Sie dankbar sein können.
Laden Sie die betreffende Person zu einem Treffen ein, bei dem Sie sich auf gute Weise verabschieden, einander danken und Glück für die Zukunft wünschen können, oder schreiben Sie ihr einen Abschiedsbrief.
Führen Sie ein Abschiedsritual durch.

Zusammenfassung Kapitel 13: Auf gute Weise Abschied nehmen

Manche Menschen sind überrascht, dass der Kummer so heftig ist – sogar dann, wenn sie diejenigen waren, die entschieden haben, zu gehen. Andere überrascht das Ausmaß ihrer Erleichterung.
Es ist wichtig, auf gute Weise Abschied zu nehmen, und kann von großer Bedeutung dafür sein, wie beide Seiten mit der Trennung umgehen und sich auf neue Beziehungen einlassen können.

Kapitel 14
Hinterlassen Sie etwas Gutes, auch wenn Sie gehen

Auch wenn Sie die Beziehung einfach nur hinter sich lassen und weitergehen wollen, ist Aussöhnung wichtig. Ohne irgendeine Form von Vergebung könnte die Beziehung weiterhin eine Quelle des Unbehagens sein – selbst wenn gar kein Kontakt mehr besteht. Sollten Sie die Beziehung erhalten oder sogar vertiefen wollen, sind Vergebung und Aussöhnung natürlich notwendige Schritte auf diesem Weg.

Aussöhnung und Vergebung

Vergeben heißt, etwas zu geben, wie das Wort impliziert, und wir können hinzufügen: „trotzdem". Das hat nicht unbedingt damit zu tun, dass Ihre Wut vergangen ist – darüber haben Sie keine Kontrolle. Gefühle sind, wie sie sind, bis sie sich verändern und zu etwas anderem werden. Sie können einer Person vergeben, auch wenn Sie noch immer wütend auf sie sind, wenn Sie beispielsweise an ihre Untreue, ihre Misshandlungen oder ihr Weggehen denken.

Hier drei Beispiele, wie sich Vergebung anhören kann:

✧ *Auch wenn ich immer noch wütend darüber bin, was du getan hast, fände ich es schön, wenn wir uns wiedersehen würden, und ich werde versuchen, keine unnötig negativen Gedanken zu hegen, sondern dich und unsere gemeinsame Geschichte so positiv zu sehen, wie es mir momentan möglich ist.*

- *Ich finde das, was du getan hast, noch immer nicht okay, aber ich habe dir deshalb genug Vorwürfe gemacht. Also werde ich ab jetzt nicht mehr davon reden, solange nicht etwas passiert, das es notwendig für mich macht, es wieder auf den Tisch zu bringen.*

- *Ich wünschte, du hättest dich um mich gekümmert, als ich ein Kind war, aber was geschehen ist, ist geschehen. Ich bin sicher, du hast dein Bestes getan. Also werde ich jetzt versuchen, weiterzugehen, und mich auf unsere Möglichkeiten konzentrieren, Freude in das Leben des anderen zu bringen.*

Vergeben heißt, aufzuhören, die andere Person für ihr Vergehen zu bestrafen und sich stattdessen für neue Möglichkeiten zu öffnen. Wenn Sie beginnen, sich dem anderen wieder anzunähern und Dinge zusammen zu unternehmen, auch wenn Sie vielleicht immer noch verärgert sind, kann eine gewisse Gelassenheit zwischen Ihnen entstehen, die es irgendwann möglich macht, über Dinge zu reden und einander wieder auf einer tieferen Ebene zu begegnen.

Auch wenn Sie sich in Zukunft nicht mehr sehen, kann es für Ihrer beider Seelenfrieden von enormer Bedeutung sein, wenn Worte der Vergebung und Versöhnung gesagt wurden. Hierfür zwei Beispiele:

Für mich hat es keinen Sinn mehr, dass wir in Kontakt bleiben. Aber du sollst wissen, dass die Krisen, durch die wir gegangen sind, letztlich zu meinem Wachstum als Mensch beigetragen haben. Ich hoffe, du leidest inzwischen nicht mehr an unseren Konflikten. Es gab Situationen, die für uns beide extrem belastend gewesen sind – ich denke, wir haben beide unser Bestes getan. Ich wünsche dir alles Gute für die Zukunft. Dein Jens

Du hast entschieden, dass wir den Kontakt miteinander beenden. Mir tut das leid, und es fällt mir schwer, zu verstehen, dass dein Leben ohne mich besser sein soll. Aber das weißt du am besten. Ich habe viel nachgedacht, seit du mir deine Entscheidung mitgeteilt hast, und habe erkannt, dass ich reifer geworden bin und eine Menge gelernt habe. Du warst immer so entschlossen und ich bewundere dich dafür. Ich bin stolz darauf, ein Kind zu haben, das den Mut hat, eine harte Entscheidung zu treffen und gut für sich selbst zu sorgen.
Wenn du oder deine Kinder irgendwann den Wunsch haben, mich wiederzusehen, würde mich das glücklich machen. Das weißt du. Und andernfalls wünsche ich euch trotzdem alles Gute. Mach dir keine Sorgen um mich. Auch wenn ich sehr traurig darüber bin, den Kontakt zu dir zu verlieren, lebe ich mein Leben mit Freunden und mit Dingen, die mich interessieren. Alles Liebe, deine Mutter

Um Vergebung bitten

Wenn Sie diejenige sind, die um Vergebung bitten möchte, ist es wichtig, dass Sie der anderen Person alle Gefühle zugestehen, die da sind. Also nicht: „Du warst jetzt lange genug wütend“, sondern „Mir ist bewusst, dass du wahrscheinlich eine Menge unterschiedlicher Gefühle für mich hast. Gibt es etwas, das ich tun kann, um die positiven zu verstärken?“ „Es tut mir unendlich leid, dich mit meinem Verhalten verletzt zu haben. Gibt es irgendetwas, das ich tun kann, um es wieder gutzumachen? Oder können wir irgendetwas gemeinsam unternehmen, um die Sache besser zu machen?“

Die Forderung nach einer Entschuldigung fallen lassen

Manche Beziehung endet, weil eine Seite darauf besteht, dass die andere um Verzeihung bittet. Wenn Sie diejenige sind, sollten Sie erwägen, ob Sie wirklich auf diese Forderung bestehen wollen. Wenn die andere Person normalerweise keine Schuldgefühle oder ein schlechtes Gewissen zeigt und Sie noch nie erlebt haben, dass sie sich bei jemandem entschuldigt hat, ist sie möglicherweise einfach nicht imstande dazu. Immer weiter zu versuchen, eine Entschuldigung aus ihr herauszupressen, ist das Gleiche, als würden Sie im Fischgeschäft darauf bestehen, ein Paar Schuhe zu kaufen. Das bedeutet reine Energieverschwendung. Es ist sicher möglich, eine erfreuliche Beziehung miteinander zu führen, auch wenn sie nicht so tief und vertrauensvoll ist, wie wenn die andere Seite zu der Nachgiebigkeit und Flexibilität imstande wäre, die Sie sich wünschen.

Eine neue Perspektive

Sollten Sie oder die andere Person auf eine Bitte um Verzeihung bestehen, könnte Ihnen eine neue Perspektive helfen. Vielleicht denken Sie, dass die Betreffende etwas kaputt gemacht, Sie im Stich gelassen oder Ihnen absichtlich übel mitgespielt hat. Rufen Sie sich Situationen ins Gedächtnis, bei denen Sie jemand anderem etwas kaputt gemacht haben. Es war vermutlich nicht absichtlich. Vielleicht haben Sie im Chaos der Gefühle den Überblick verloren.

Sie können eine andere Perspektive einnehmen, indem Sie sich auf den Umstand fokussieren, dass die Person, die Ihnen übel mitgespielt oder Sie im Stich gelassen hat, früher mal ein kleines Kind war, das man nicht gut behandelt und im Stich gelassen hat. Vielleicht können Sie Gefühle von Fürsorglichkeit und Sympathie für sie entwickeln.

Hier einige Vorschläge für Dinge, die Sie sich selbst sagen können:

„Diese Person ist außerstande, jemanden um Verzeihung zu bitten. Ich schenke ihr meine Zuneigung, denn sie ist psychisch labil."

oder:

„Irgendwo in diesem Menschen lebt ein verletztes Kind. Ich werde um Verzeihung bitten, damit wir weitermachen können."

oder:

„Ich bin die Klügere und Gesündere und die psychisch Stärkere von uns beiden, und ich gebe nach, da die andere gar nicht die Ressourcen dazu hat.“

Sollte die Person, mit der Sie sich wieder vertragen wollen, psychisch oder physisch gewalttätig sein, ist es allerdings eher ungünstig, nur das kleine Kind oder die Hilflosigkeit in ihr im Blick zu haben. In diesem Fall kann es wichtiger sein, Grenzen zu setzen und Gewalt zu verhindern.

Auch wenn es sich um eine relativ gesunde Beziehung handelt, kann der Versuch, das Kind und die Verletzlichkeit in der anderen Person wahrzunehmen, ein gutes Gegengewicht zu der vielen von uns innewohnenden Tendenz darstellen, unser Gegenüber in einem Konflikt als größer, wütender und gefährlicher zu sehen, als es tatsächlich der Fall ist.

Übung

Denken Sie darüber nach, ob Sie bereit sind, zu vergeben. Es spielt keine Rolle, ob Sie die entsprechenden Gefühle haben, solange der entsprechende Wille vorhanden ist, aufzuhören, die Betreffende zu bestrafen, und sich stattdessen auf das Positive zu fokussieren.

Überlegen Sie, ob es Ihnen aus der Sackgasse heraushelfen könnte, die Perspektive auf die andere Person und das, was zwischen Ihnen passiert ist, zu verändern.

Zusammenfassung Kapitel 14:
Hinterlassen Sie etwas Gutes, auch wenn Sie gehen

Vergeben ist nicht gleichbedeutend mit Vergessen oder „nicht mehr wütend sein". Das wäre eine unmögliche Aufgabe. Vergebung bedeutet, der anderen Person trotz der zugefügten Verletzungen etwas zu geben.

Sie können auch dann vergeben, wenn Sie noch wütend sind und sich an das Ereignis, das Sie verletzt hat, erinnern, als wäre es gestern gewesen.

Auch wenn ein weiterer Kontakt nicht mehr in Betracht kommt, können ein paar versöhnliche Worte für das Wohlbefinden der Beteiligten Wunder wirken.

Nachwort
Seien Sie freundlich

Sie können entscheiden, für Ihre Beziehung zu kämpfen – und Sie können entscheiden, sie loszulassen.

Alle Menschen, die Ihnen in Ihrem Leben etwas bedeutet haben, haben einen lebendigen Eindruck in Ihnen hinterlassen. Sie können also viel gewinnen, wenn Sie Ihrer Beziehung Aufmerksamkeit schenken, sie nach Möglichkeit wieder zum Leben erwecken oder auf gute Weise Abschied nehmen, sie verarbeiten und ihr einen Platz in Ihrem Herzen geben.

Wir haben alle möglichen Ideen über die Motive der anderen Person im Kopf und darüber, was für ein Mensch sie ist. Aber wir werden einen anderen Menschen nie ganz und gar verstehen. Ich liebe das folgende Zitat:

„Jeder, der dir begegnet, führt einen Kampf, von dem du nichts weißt. Sei freundlich. Immer."
John Watson (1850–1907)

Ganz gleich, ob Sie an einem neuen Anfang für Ihre Beziehung arbeiten, ob Sie Grenzen setzen oder die Beziehung beenden und hinter sich lassen wollen:

Alles kann mit Freundlichkeit gesagt werden.

Test

Wie weit sind Sie für die andere Person zu gehen bereit?

Mit dem folgenden Test haben Sie die Möglichkeit, sich selbst zu prüfen. Machen Sie zuerst den Test und sehen Sie sich dann die Auswertung auf Seite 148 an.

Bitte kreuzen Sie die Aussagen an, die für Sie zutreffend sind. Es ist wichtig, dass Sie beim Bearbeiten des Tests an eine bestimmte Person denken. Es kann nicht getestet werden, wie weit Sie allgemein oder mit jedem Menschen zu gehen bereit sind. Das hängt speziell davon ab, wer diese Person ist.

1. Bevor ich mich auf ein Gespräch einlasse, muss diese Person mich um Verzeihung bitten ___
2. Bevor ich mich auf ein Gespräch einlasse, muss die Person ihre Bereitschaft dafür zeigen, indem sie mir beispielsweise Blumen schickt oder mir eine besondere Gefälligkeit erweist ___
3. Bevor ich mich dieser Person wieder öffnen kann, muss sie mir versichern, dass sich die Verletzungen nicht wiederholen werden __
4. Wenn die andere Person die Initiative ergreift, würde ich mich auf einen schriftlichen Dialog über unsere Beziehungsprobleme einlassen __

5. Wenn die Person es von sich aus vorschlägt, wäre ich bereit, jetzt oder demnächst über die Dinge zu sprechen __
6. Ich ziehe in Betracht, selbst die Initiative zu ergreifen, um unsere Beziehung wieder herzustellen __
7. Ich habe beschlossen, irgendwann die Initiative zu ergreifen __
8. Ich werde im Laufe des nächsten Monats die Initiative ergreifen, um einen besseren Kontakt herzustellen __
9. Ich bin bereit, mir die Klagen der anderen Person anzuhören und sie ihre Meinung sagen zu lassen, auch wenn ich weiß, dass das unangenehm für mich werden kann __
10. Wenn die Person nicht über unsere Probleme sprechen will, bin ich bereit, ihr vorzuschlagen, stattdessen etwas Schönes oder Vergnügliches zusammen zu machen, wenn ihr das lieber ist __
11. Ich bin bereit, sie für die Dinge um Verzeihung zu bitten, die ich zu der negativen Atmosphäre beigetragen habe __
12. Ich will gerne meine Fehler zugeben __
13. Ich möchte mich bemühen, mir Wissen über eine Sache anzueignen, die der anderen Person sehr wichtig ist __
14. Wenn es für die andere Person wichtig ist, mit einem Therapeuten über unsere Beziehung zu sprechen, bin ich ebenfalls dazu bereit __
15. Ich werde dieses Buch gründlich durcharbeiten und die Übungen machen, die für meine Beziehung relevant sind – auch wenn ich bei manchen davon Widerstand und Abneigung empfinde __
16. Wenn die andere Person meint, ich fordere sie zu wenig heraus, bin ich bereit, einen Kurs zur Persönlichkeitsentwicklung zu machen oder einige Sitzungen bei einem Therapeuten oder Coach zu nehmen, um selbstsicherer zu werden und besser mithalten zu können __

17. Ich bin bereit, die Version der anderen Person hinsichtlich unserer gemeinsamen Geschichte zu akzeptieren – auch wenn sie sich von meiner unterscheidet __
18. Ich bin bereit, meine Version dessen, was passiert ist, für mich zu behalten, wenn die Alternative ist, dass die andere Person sonst den Kontakt reduziert __
19. Wenn wir bei einem Therapeuten oder bei einem Beziehungscoach waren und dieser meint, es gibt etwas, was ich in einer Therapie bearbeiten sollte, bin ich bereit, mir einen Psychotherapeuten oder Psychologen zu suchen, um eine Störung zu behandeln oder ungutes Verhalten zu verändern __
20. Ich bin bereit, meine weichste Seite zu zeigen und der anderen Person meine positiven Gefühle mitzuteilen, auch wenn es sich gefährlich anfühlt und ich dabei riskiere, zurückgewiesen zu werden __
21. Wenn die andere Person mich langweilig findet, bin ich bereit, irgendetwas Aufregendes zu tun, worüber ich erzählen kann – beispielsweise neue Interessen zu entwickeln, einen Kurs zu machen oder zu verreisen__
22. Wenn es nötig sein sollte, bin ich bereit zu lügen, was meine Gefühle betrifft – beispielsweise zu sagen, ich sei nicht mehr wütend, auch wenn es nicht wahr ist. Oder zu behaupten, ich würde die andere Person lieben oder bewundern, auch wenn ich das nicht wirklich fühle __
23. Ich bin bereit, Fehler zuzugeben, die die andere Person mir vorwirft, auch wenn ich die Dinge anders sehe __
24. Ich bin bereit zu lügen und beispielsweise der anderen Person in einer Sache zuzustimmen, zu der ich eigentlich eine ganz andere Meinung habe __
25. Ich bin bereit, die andere Person mittels einer Lüge zu unterstützen, indem ich ihr beispielsweise darin zustimme,

dass ihr Chef im Unrecht ist, auch wenn ich eigentlich denke, dass es richtig ist, was er tut __

26. Ich bin bereit zu versuchen, mich zu ändern, damit die andere Person mich mag – auch wenn es sich nicht ganz richtig für mich anfühlt __

Das Ergebnis berechnen

Gruppe 1, Aussagen 1–3	jeweils 0 Punkte
Gruppe 2, Aussagen 4–8	jeweils 1 Punkt
Gruppe 3, Aussagen 9–12	jeweils 2 Punkte
Gruppe 4, Aussagen 13–21	jeweils 3 Punkte
Gruppe 5, Aussagen 22–26	jeweils 0 Punkte

Zählen Sie die Punkte der Aussagen zusammen, die Sie angekreuzt haben. Das Ergebnis bildet die Summe der Punkte. Die Zahl wird zwischen 0 und 40 liegen. Wenn Sie beispielsweise die Aussagen 1, 2, 4, 5 und 11 angekreuzt haben, ist das Ergebnis 0 + 0 + 1 + 1 + 2 = 4.

Tragen Sie Ihr Ergebnis in die obige Skala ein. Überlegen Sie, ob Sie mit Ihrem Grad an Bereitschaft, Kontakt aufzunehmen, zufrieden sind oder ob Sie daran arbeiten möchten, Ihre Punktzahl in die eine oder andere Richtung zu verändern.

Ihr Ergebnis

Es gibt kein Falsch oder Richtig. Es geht auch nicht darum, eine möglichst hohe Punktzahl zu erreichen. Es ist vollkommen legitim, wenn Sie beispielsweise eine Bitte um Verzeihung brauchen oder vielleicht die Zusicherung, dass sich eine Verletzung nicht wiederholen wird, bevor Sie den Mut und das Vertrauen aufbringen, sich wieder auf die Beziehung einzulassen.

Betrachten Sie den Test als eine Gelegenheit, über sich selbst nachzudenken und über die Frage, wie weit Sie hinsichtlich einer bestimmten Beziehung gehen können oder wollen.

Wenn Sie ein Kreuz in Gruppe 5 gemacht haben (Aussagen 22–26)

Wenn Sie ein Kreuz hinter eine oder mehrere Aussagen in Gruppe 5 gemacht haben, vermissen Sie die betreffende Person so sehr, dass Sie bereit sind, auf Ihr Recht auf eigene Gefühle und eine eigene Sichtweise zu verzichten, um die Beziehung zu erhalten. Wenn das der Fall ist, haben Sie das wahrscheinlich bereits, als Sie klein waren, in der Beziehung zu einer wichtigen Betreuungsperson auf diese Weise gemacht.

Kleine Kinder sagen zu allem ja, weil ihre Abhängigkeit von der erwachsenen Betreuungsperson für sie eine Frage von Leben und Tod ist. Sie sind unbegrenzt bereit und entschlossen, ihre Gefühle in sich zu verschließen, um Kontakt herzustellen bzw. nicht zu verlieren. Hier geht es um den Willen, zu überleben. Und der ist oft so stark, dass sie bereit sind, sich zu verleugnen, wenn es nötig ist.

In manchen Fällen kann es klug sein, auf jemanden so weit zuzugehen, dass Sie sich selbst kompromittieren – solange es eine vorübergehende Haltung ist, die Sie in der Beziehung einnehmen, bis der Kontakt wieder hergestellt ist. Wenn aber eine so starke Bereitschaft dauerhaft anhält, kann das für Sie und auch für die andere Person ungesund sein. In diesem Fall wäre eine Sitzung bei einem Psychotherapeuten angeraten, um herauszufinden, was in der Beziehung schiefläuft. Es ist wichtig, dass Sie klären, ob Sie Teil einer Beziehung sind, die so ungesund ist, dass Sie am Ende einen hohen Preis bezahlen, beispielsweise in Form von Angst, Depression oder Burnout.

Wenn Ihr Ergebnis niedrig ist

Ihre Motivation ist nicht sehr hoch oder Sie sind sich nicht sicher hinsichtlich der anderen Person oder der Beziehung an sich. Sie werden eine ganze Menge Glück oder auch den guten Willen der anderen Person brauchen, wenn die Beziehung wieder hergestellt werden soll.

Wenn Ihr Ergebnis hoch ist

Ihr guter Wille gegenüber der anderen Person und Ihre Motivation, wieder eine gute Beziehung aufzubauen, sind stark. Es besteht eine große Chance, dass sich Ihr Wunsch erfüllt, auch wenn die andere Seite Ihnen nicht sehr entgegenkommen kann oder will.

Literatur

Buber, M. (2010). *I and Thou*. Eastford, CT: Martino Fine Books. [Deutsch: Buber, M. (2013). *Ich und Du*. Stuttgart: Reclam.]

Davidsen-Nielsen, M. & Leick, N. (1991). *Healing Pain. Attachment, Loss, and Grief Therapy*. London: Routledge.

Falk, B. (2017). *Honest Dialogue. Presence, common sense, and boundaries when you want to help someone*. London: Jessica Kingsley Publishers.

Fischer, D.E. (2018). *Unravel Entanglements with love*. Forlaget Familieopstiller. Norderstedt: Books on Demand.

Rosenberg, M.B. (2003). *Nonviolent Communication: A Language of Life*. Encinitas, CA: PuddleDancer Press. [Deutsch: Rosenberg, M.B. (2016). *Gewaltfreie Kommunikation. Eine Sprache des Lebens*. Paderborn: Junfermann.]

Sand, I. (2016). *Highly Sensitive People in an Insensitive World: How to Create a Happy Life*. London: Jessica Kingsley Publishers. [Deutsch: Sand, I. (2016). *Die Kraft des Fühlens: Hochsensibilität erkennen und positiv gestalten*. München: Beck.]

Sand, I. (2016). *The Emotional Compass: How to Think Better about Your Feelings*. London: Jessica Kingsley Publishers.

Sand, I. (2017). *Come Closer – On Love and Self-Protection*. London: Jessica Kingsley Publishers.

Sand, I. (2017). *Tools for Helpful Souls – especially for highly sensitive people who provide help either on a professional or private level*. London: Jessica Kingsley Publishers.

Sand, I. (2018). *On Being an Introvert or Highly Sensitive Person – a guide to boundaries, joy, and meaning*. London: Jessica Kingsley Publishers.

Yalom, I.D. (1980). *Existential Psychotherapy*. New York, NY: Basic Books. [Deutsch: Yalom, I.D. (2015). *Existenzielle Psychotherapie*. Gevelsberg: EHP Verlag Andreas Kohlhage.]

Danksagung

Mein Dank gilt dem Psychotherapeuten und Master der Theologie Bent Falk, der selbst Autor mehrerer Bücher ist, darunter der Bestseller *Honest Dialogue*. Bent Falk hat eine unschätzbare Bedeutung für meine persönliche und berufliche Entwicklung eingenommen.

Des Weiteren danke ich Niels Hoffmeyer, MSC in Psychologie und, bis zu seinem Tod, Leiter des IFGA (Institut für Gestaltanalyse, Bjødstrup), der für mich über viele Jahre hinweg eine große Quelle der Inspiration war.

Vielen Dank auch an alle, die mein Manuskript gelesen und mir Feedback gegeben haben. Namentlich möchte ich hier insbesondere folgende Personen erwähnen: Ellen Boelt, Margith Christiansen, Niels Dam, Christine Grøntved, Line Crump Horsted, Asger Høyer, Martin Håstrup, Jane Kipp, Margit Kyndal, Tina Paulsen, Kirstine Sand, Peter Sand und Knud Erik Andersen. Ihr habt alle eure Spuren in diesem Buch hinterlassen!